高手的
处世法则

海若◎编著

胜在
分寸之间

民主与建设出版社

·北京·

©民主与建设出版社，2024

图书在版编目（CIP）数据

高手的处世法则：胜在分寸之间 / 海若编著. --
北京：民主与建设出版社，2024.5
ISBN 978-7-5139-4582-0

Ⅰ.①高… Ⅱ.①海… Ⅲ.①人际关系—语言艺术
Ⅳ.①C912.13

中国国家版本馆CIP数据核字（2024）第076152号

高手的处世法则：胜在分寸之间
GAOSHOU DE CHUSHI FAZE SHENGZAI FENCUN ZHIJIAN

编　　著	海　若	
责任编辑	王　颂	
封面设计	彭明军	
出版发行	民主与建设出版社有限责任公司	
电　　话	（010）59417747 59419778	
社　　址	北京市海淀区西三环中路10号望海楼E座7层	
邮　　编	100142	
印　　刷	三河市宏顺兴印刷有限公司	
版　　次	2024年5月第1版	
印　　次	2024年6月第1次印刷	
开　　本	710毫米×1000毫米　1/16	
印　　张	15	
字　　数	150千字	
书　　号	ISBN 978-7-5139-4582-0	
定　　价	49.80元	

注：如有印、装质量问题，请与出版社联系。

人们常说"为人处世和说话办事要讲分寸"，但"分寸"究竟在何处，大多数人却不一定能明白。明白这二字的人，可以说都是聪慧、练达和心思缜密的人。他们中间的大部分人已进入成功者的行列。

那么，我们该如何理解"分寸"？从某种意义而言，分寸是"可攻可守"的中庸哲学。但中庸之道比较抽象，人们通常难以理解其准确的含义，而分寸之道，是一种被具体化的标准，更容易理解和掌握，并具有实用性。孔子曰："中庸之为德也，其至矣乎！民鲜久矣。"也就是说，中庸是一种很高的德性，人们通常很难达到这种境界。何为"中庸"？即"不偏不倚""过犹不及"。孔子还表明，做事如果只注重内在的质朴而忽略文采，就显得粗俗；如果只在乎外表的文采而忽略内在的质朴，就显得浮华。当二者都有所兼顾，不偏向任何一方，才恰到好处。在孔子看来，凡事都有个"度"，如果"过"了，就违背中庸之道，就是不讲分寸，因此他说："君子中庸，小人反中庸。"简单地说就是君子讲分寸，小人不讲分寸。

在现实生活中，会时常面临需要把握分寸的问题，如果说话、办事、社交等方面处理得好，能使生活和谐美满；如果处理得不好，就会造成不良后果，轻则遭到非议与责骂，重则毁掉声誉或功亏一篑。所以说，分寸是人们日常生活中待人接物的关键因素之一，掌握了它，美与丑、善与恶、爱与恨、欢乐与悲伤就可能发生变化。"分寸"潜藏于这一系列的"变化"之中，不知不觉地影响着人们的生活质量与生活节奏。比如，炒菜时，盐多了则咸，盐少了则淡；买衣服时，尺寸大了则显得肥胖，尺寸小了则不合身；工作中，做得太少则会给同事留下"懒"的印象，做得太多则会给同事留下"狂"的印象；给孩子的爱，太多了则会变成溺爱，太少了则会显得冷漠……

分寸的重要性不言而喻。在生活中，掌握好分寸可以让我们避免麻烦，赢得他人的信任和尊重，维护和谐的氛围。在工作中，掌握好分寸可以让我们提高工作效率和质量，增强团队的凝聚力和合作性，展现自己的专业和素养。在社会中，掌握好分寸可以让我们遵守法律和规则，尊重他人的权利和利益。

不懂得分寸，不重视分寸，想要超越它所规定的界限，只想"一蹴而就""一劳永逸"，除了事倍功半，事与愿违，多遭几次挫折之外，不会有别的结果。

从本质上看，掌握好分寸是自律的表现。自律者，自我约束也。不擅长自我约束的人一定是不懂生活和生活的真谛的人。这样的人，对自己有利的事情总是认为越多越好，完全用生理需求驱使与调节自己的生活，他们忘记了人是有意志与意识的，凭借意志与意识同样可以对生活进行自我调节。

"分寸"到底体现在哪里？视具体情况而定，有的分寸体现在说话的多寡上、语速上、语气里；有的分寸体现在办事的轻重上、缓急上、大小上；有的分寸体现在交往的远近上、深浅上、礼节上；还有的分寸体现在处世的姿态上、观念上、思想上等。

本书从分寸法则、自我认知、情绪管理、事在人为、和谐人际等九个方面，对分寸的各个方面进行分析和阐释，从理论上与实践上进行双重推理及论证。相信读者通过阅读本书，能深刻地理解和掌握分寸的精髓与技巧，并且运用到为人处世的过程中，从而助力自己成为有魅力、有思想的独立个体。

目录

CONTENTS

第一章　分寸法则
为人处世的底层逻辑

说话有度，交往有节，

办事得当，周围的人才会尊重你。

反之，不懂分寸，说话冒失，

举止不当，路只会越走越窄。

所以，人生之福祸、

社交之得失、事业之成败，

可以说皆在"分寸"之间。

讲分寸是为人处世的基本原则

"分寸"这个词看似普通，但如果你仔细思考就会发现，成功的秘诀大都与"分寸"二字有关。分寸是人的天赋和修为在生活中沉淀后而形成的对人或事的把握度，超过这个度是不行的。分寸感也因人而异，一个好的法官审案，法理、人情都会是他考虑的因素；一个技艺高超的木匠挥动斧头去砍木头，如何将木头砍得外形匀称是他考虑的因素；一个好的卖油翁，不用"聚口"，直接用油葫芦往壶中倒油，能精准入壶，则是他对分寸的把握。这些都是靠多年实践培养出的分寸感。

分寸既不限于"情"字，也不拘于"理"字。通情达理者能知分寸，"分寸"二字就是情与理的高度升华。由此可见，讲分寸并不是一件简单的事。获得分寸感不只源于内心的修为，也源于外界的经历。分寸并非通过简单的摸索就能找到，而是需要深刻的感悟才能真正把握。要想学会掌握分寸，就必须懂人情、知世故、有涵养。掌握分寸是人的一种综合能力，是内在修养与外在行为的综合体现。

1.把握好分寸必须具备理性

一个无法用理性控制情感的人很难把握好分寸。人与人之间的情绪常常会相互影响，有时自己的情绪控制得还不错，但可能会被别人的一句话或某个动作一下子破坏了。同样，别人的情绪也经常会被我们所破坏。然而，谁也不想破坏别人的情绪。

其实干工作就像是演戏一样，好演员能很快"入戏"，既能分清戏里戏外，在戏中也能不露出"表演"的痕迹。因为他能灵活地完成工作，把个人的情绪放在一旁而专注于自己的工作，表现出合理的情绪，从而营造出一个轻松、适宜的氛围。如此做，既有利于团结同事，又能表现出稳定的情绪，也能让自己受到同事的喜爱。

由此可知，运用理性控制好自己的情绪多么重要。每个人的情绪都会时好时坏，学会控制情绪是我们获得成功和快乐的秘诀之一。当你悲伤时，应设法找出悲伤的原因；当你生气时，应设法找到生气的原因；当你感到愧疚时，应设法找到愧疚的原因。找到原因后，去寻求正确的解决之道。

所有的情绪，特别是不快乐的情绪，都需要等它彻底消散了才会好。须明白，动情绪是耗费精力的事情，更是无意义的事情。

我们日常所遇见的事情或大或小，或轻或重，其中涉及原则的事本没有多少，在一些微不足道的小事上没必要与人斤斤计较，更没必要大动情绪。比如公司里某个同事对某款手机的优劣说了一些自己的观点，虽然他的观点可能过于片面，但你也没有必要去与之争出个高低来；否则，因一言半语伤了感情，实在不值得。

情绪应时刻受到理性的控制，一个情绪过激的人多半会被认为是神经质。这种人容易给人造成一种不合群的感觉，人缘也比较差。只有情绪稳定，在公共场合随机应变，才能获得社会的认可。这种随机应变，是把握好分寸的另一个原则。

2.把握好分寸必须具备行为修养

现代社会，竞争非常激烈。一个人要想在社会上很好地生存和发展，在面对机遇与挑战时，必须把握好分寸。这除了要求我们具有多种社交技巧以外，还要具有一些优良的行为修养。

在社会生活中，我们每天都要与不同身份、不同思维方式的人沟通，会面对各式各样的问题。对于他人的误解、恶意，要有度量，要尊重不同的看法，也要宽恕他人对自己利益的无心伤害；要体谅他人的过失，接受他人与自己的差异，这样就能消除冲突，赢得他人的尊重。

在工作场合，我们有时会代表公司与社会各界人士沟通，参与各种社交活动，所以要注意自己的仪态和气质。要做到既沉稳大气，又从容自信，行为自然。展现出自信，让人觉得自己所代表的公司值得信赖。

不讲究细节是一种不重视他人的行为，其原因是轻视对方的存在，通常有擤鼻子、掏耳朵、翘脚尖、打哈欠、伸懒腰等行为。这类人往往有较强的占有欲和侵略性，虽性格开朗，但行事随意，而且情绪不稳定，喜欢把自己的想法强加于人。

有些人做事随心所欲，行为没有规矩，不讲究细节，比如不敲门就闯入他人会议室；展览会上随意摸展品；当众抠鼻子、剔牙缝等。实际上，卷弄头发、弹动指甲、折腾衣襟、揉耳捏腮、用脚划地等行为多是由于心情焦虑、心不在焉或心烦意乱所致。因为内心不确定而想要掩盖，所以试图借助外物让自己的这种不确定有所依托。他们不知道，这样做反倒把自己内心的真实想法暴露无遗。这类小动作无疑是在向对方表明："我很不自在，我对你的话不感兴趣""我不赞同你的观点，但我无话可说"或"你快点说完吧？我想走了"。这些小动作虽然细微，却会影响谈话的氛围和对方的情绪。总的来说，不讲究细节，反映出一个人的行为素养较低。在重视礼仪的社交场合，注重细节、文明有礼，是做人最基本的素养，不注意细节的人通常是不受欢迎的。

总而言之，一些品质高尚的人，总是能在社会上很好地生存。优秀的礼仪与修养，是一个人品质高尚的表现，也是做好社会交际的基础。

3.把握好分寸必须具备社会经验

一个人的内在品质不仅有先天心理特质，还有后天学习的社会知识和经验。古人说得好，"世事洞明皆学问，人情练达即文章"，一个经验不足的年轻人，由于不了解社会上的人际关系，缺少必要的社会经验，有些本来简单的事也会因为掌握不好分寸而遇到困难。

我们在为人处世过程中，需要经常与那些"有能力的人""德高望重的人"以及"在某些方面有专长的人""有城府的人"交往，不仅可以提升自己的认知，还能让自己学到如何更好地掌握分寸。

与一些能力比自己强的人交流，你会渐渐地融入他们之中，如此你的交际领域就扩展了，社交的水平也就提升了。因此，应该经常与这些能力比自己强的人交流，在更高层面上培养自己为人处世的能力。

分寸是一种难能可贵的品德，做到者绝非等闲之辈

儒家传统经典《中庸》里有这样的记载：

仲尼曰："君子中庸，小人反中庸。"

这句话的意思是"君子之所以称得上君子，是因为他的言行举止都符合中庸之道；小人之所以是小人，是因为他的言行举止违背了中庸之道。"《中庸》里用于区别"君子"与"小人"的方式极其简单，主要在于二者之间的分寸感，可见分寸感在为人处世中的重要性。这里，需要说明的是，"小人"并非我们今天认知中的奸诈之人，应该理解为斤斤计较、缺乏格局的平庸之人。

既然君子的言行符合中庸之道，也就说明了君子具有高尚的品德和人格魅力，能拿捏好分寸，也必然可以在自己的领域里做出非凡的成就。

有分寸感，是在大是大非面前，懂得中庸之道，必然会有所成就；一旦失去分寸感，即便扬名四海，迟早也会跌入尘埃，落得个不好的下场。三国时期，杨修就是一个很好的例子。

花园后门事件中，曹操嫌门太大，在门上写下"活"，杨修猜出曹操的心思，重新修建。曹操知道后，对杨修不懂得分寸的行为很不爽。而"一合酥"事件中，杨修更是失去分寸，随意对这三个字进行解读，并且还分吃了曹操的酥饼。曹操绝不容忍手下的人耍小聪明，对杨修动了杀心，只是缺少合适的机会。

杨修最后一次卖弄小聪明，是曹操封为魏王之后，亲自率军与蜀军交战，战局不利，难以决断。曹操多次攻打蜀军总是无功而返，久战不决，不但消耗兵马也伤了士气，如果撤军空手而归，又会被人嘲笑。就在曹操进

退两难、心中犹豫不定之时，厨子送来一碗鸡汤。曹操见碗里有鸡肋，便心有所感，觉得眼前的战事，就像碗里的鸡肋："食之无味，弃之可惜。"他正在沉思间，夏侯惇进帐请示夜间的口令。曹操随口说："鸡肋！鸡肋！"夏侯惇传令众将，都说"鸡肋"。杨修听到"鸡肋"二字，便自作主张地让随从军士，各自整理行李，准备回程。有人告诉夏侯惇。夏侯惇惊慌失措，立刻叫杨修到帐中问他："你为什么让人整理行李？"杨修说："从今夜的口令，就能知道魏王快要退兵了。""你怎么知道？"夏侯惇再问。杨修笑道："鸡肋者，吃了没有味，扔了又觉得它可惜。魏王的意思是，现在进不能胜，退又怕人笑话，在此无益，不如早走，明天魏王肯定会下令收兵回朝的。所以先整理行李免得临走手忙脚乱。"夏侯惇说："您真是魏王肚里的蛔虫，知道魏王的想法啊！"他不但没有责备杨修，反而也命令军士整理行李。于是营中各位将领，都做好了撤军的准备。

那夜曹操心乱，难以入眠，便手按宝剑，独自在军寨内走动。忽见夏侯惇寨中军士，都在整理行李。曹操惊讶，我并未发布撤军令，谁敢如此鲁莽，做出撤军的举动？他急忙回帐叫夏侯惇进帐，夏侯惇说："主簿杨修早已知晓大王欲归回的心意。"曹操召来杨修问他如何知道，杨修就以鸡肋的寓意回答。曹操听了大怒，说："你何故胡言乱我军心！"不容分说，命令刀斧手将杨修拖出去斩了，将其首级挂在辕门外。曹操终于找到机会杀掉了杨修，杨修也就此结束了聪明的一生。

杨修尽管聪明，但没有很好地把握住上下级之间的分寸感，一次次侵犯到曹操的威严，可谓聪明反被聪明误，最终落得个被杀的下场。杨修之死，与其说被自己的小聪明所害，不如说被自己不懂分寸所害，也就是说他的品德达不到"君子"的高度，不过是一个平庸的小聪明而已。

分寸就像一件利器，能帮助一个人削剪人性中丑陋的部分，使自己一步步变得更为完善。同理，掌握不好，它会伤害到自己，因为世间充满诸多诱惑，一旦越过禁忌，丧失分寸感，必然招致恶报。古今中外，天下之理一脉相承，掌握好为人处世的分寸，做好该做的，不该做的绝不越雷池一步，是品德高尚者具备的基本理念。

获得好人缘的第一准则

社会上有这样一种观念，那就是在为人处世中尽量不得罪他人。不得罪他人的好处众所周知。有些人认为自己为人善良，但在社会生活的历程中，却发现自己不知何故竟然冒犯了一些人，这些人往往在你求职、晋升或即将获得某种利益时阻挠你，暗中破坏你的利益，损害你的声誉。仔细分析，往往是因为在日常生活中不注意分寸，得罪了他人。要知道，掌握分寸涉及到为人处世的各个方面，只要稍加不注意，不约束自己的言行，就可能无意中得罪了某位"大爷"，这位"大爷"也可能不是检点之辈，也可能不是懂得分寸的人，对方一怒之下便可能会给你带来一些麻烦。想想世界之大，人事之复杂，何必与他硬碰硬呢？何必因他而给自己增添麻烦呢？

一个春天的下午，小丽和父亲一起去附近的公园散步。在一个拐角处，小丽突然看到了一个穿着很奇特的老奶奶，尽管天气很暖和，但这个老奶奶却穿着厚厚的羽绒服，头上戴着毛线帽，脖子上还围着一条厚厚的围巾。小丽忍不住笑了起来，然后靠近父亲的耳朵轻声说："爸爸，你看那个老奶奶的打扮多滑稽呀！"

父亲听到小丽的话后，表情变得严肃起来，他沉默一会儿，然后对小丽说："小丽，我突然发现你缺少一种能力，那就是欣赏他人。这种能力在人际交往中非常重要，它体现了真诚和友善。你看，那位老奶奶穿得如此厚重，可能有很多原因，比如她刚刚病愈或是身体不适。但你只看到了这些，却没有注意到她在注视着树枝上一朵香气四溢、美丽的丁香时，表情显得如此的生动，你不觉得她很可爱吗？她期待春天的到来，喜欢大自然的美好。我觉得这位老奶奶非常令人感动！你说呢？"

7

　　说完这些，父亲带着小丽走了过去，并主动向老奶奶打招呼："您好，您欣赏春天的表情很感人，您的表情让春天变得更加美丽！"老奶奶似乎很难相信还有人会赞美她，显得非常激动，回答说："感谢您，先生。"说完，还把手中的花朵送给小丽，说："孩子，你真漂亮。"

　　回到家后，父亲把小丽叫到身边，对她说："你虽然还很小，但从现在开始，你就要学会真诚地欣赏他人。只有这样，你才能结交到许多朋友。因为每个人都喜欢和那些能欣赏自己的人成为朋友。"

　　案例中，小丽年幼无知，实话实说，说老奶奶样子滑稽，这就犯了为人处世过程中获得朋友和好人缘的大忌。所幸的是，她的父亲很好地把握住了为人处世中的分寸感，以赞美的方式与老奶奶交流，并赢得老奶奶的真诚相待，还把手中的花送给小丽。

　　"每个人都喜欢和那些能欣赏自己的人成为朋友"，这句话说得真好。在日常生活和工作中，如果能以欣赏的眼光看待上司、同事，甚至是陌生人，他们怎么会不真诚地对待我们呢？威廉·詹姆斯曾经说过："人类最深层的心理驱动力，就是被他人欣赏的渴望。"每个人都希望品尝到赞美的甜蜜，每个人都希望自己的优点能得到他人的认可。而我们所需要的，就是拥有一颗宽容而平和的心，以欣赏的眼光对待他人，这样就能在为人处世中获得好人缘。

　　事实上，很多时候我们忽略了用欣赏的方式对待身边的人，如果检讨一下自己的言行，就会发现在一些环节上乱了分寸。造成这种现象，多半是情绪使然。无谓的情绪最为廉价，不会带来多少好处，有时还会招来祸端。而分寸更像是一种理智，在为人处世时，时刻给自己保留余地，让自己进退自如。

　　某些人盛怒时往往忘了自身形象，忘了得罪人、失去人缘可能会对自己带来的损害。当盛怒对好朋友发泄时，虽不至于大吼"老死不相往来！"但一定会在好朋友心中产生"伤痕"，这种伤痕难以修复，关系也很难回到先前的状态。职场上有些人，为了自己的前途，不惜在背后做"小动作"，以这种方式得罪人，虽然短期能为自己谋得好处，一旦出现差池，不但会被同事疏远，还意味着调离、开除等相关人事变动。商场中，为了利益而得罪人，一旦被对方识破，将代表着拒绝或"关系冻结"。

人心最难琢磨，当大家说左时，他偏偏说右；当大家说右时，他非要说左。像这种唱反调的人，在生活中为数不少。他们的行为，不利于获得好人缘。就算不至于唱对台戏，而固执己见，听不进他人劝告的人，也很难在为人处世中获得好人缘。

"唉——要是当初那样办或不说那样的话就好了。"如此事后叹悔的人，基本都是在当时固执己见，无视对方立场所造成的。

人们普遍的心理状态，就是极度不喜欢自己的观点被他人误解和排斥。受这种心态的影响，人们往往在不知不觉中越过了分寸的边界，伤害到他人的尊严和面子，最终无法获得他人的尊重和友情，"好人缘"也因此在自己激烈的争论和发泄中而破裂了。

理解了这些，你可能会注意到，在为人处世时，只有掌握言行的分寸，才能避免自己陷入人情世故的死胡同中，才不至于走进"不撞南墙不回头"的处世困扰中。

对细节把握得恰到好处

许多人认为，有分寸感的人拥有全局观，有广阔的视野，能够从宏观上掌握各种不同的信息，从而控制自己的行为。然而，分寸感既是对大局的把握，也是对细节的调整。各种事物之间的差异往往可以从细节上体现出来，而细节上的微妙变化又决定了不同事物之间的特性，可以说，只有掌握好细节，才能控制好做事的节奏、力度和方向。

在飞机起飞前，一位乘客请空姐给自己倒一杯水，用于服药。空姐非常礼貌地回答："先生，为了您的安全，还请稍等一会儿，等飞机进入稳定飞行状态后，我会立刻为您送来水，好吗？"

15分钟后，飞机进入稳定的飞行状态。突然，乘客服务铃急促地响了起来，空姐立刻意识到：糟糕，由于太忙，忘了给那位乘客倒水！空姐走到客舱，看到按响服务铃的确实是刚才那位乘客，便小心翼翼地把水送到那位乘客面前，微笑着道歉："先生，我真的很抱歉，由于我的疏忽，导致了您的用药时间被推迟，我对此感到非常内疚。"这位乘客抬起左手，指着手表质问："这是怎么回事，你们的服务就这样吗？"空乘手里拿着水杯，心中充满了委屈，但是，无论她如何解释，这位苛刻的乘客都不愿意原谅她的失误。

在接下来的飞行过程中，为了弥补自己的错误，每次在客舱服务时，空姐都会特地走到那位乘客前，带着微笑询问他是否需要水或者其他什么帮助。然而，那位乘客的怒气尚未消退，表现出一副不愿配合的态度，对空姐的好意置之不理。

在即将到达目的地之前，那位乘客要求空姐把留言本送过来，显然，他打算对这名空姐进行投诉。尽管空姐心中感到很不是滋味，但她仍然保持职业素养，表现得非常有礼貌，并且微笑着说："请允许我再次向您表示深深的歉意，无论您有什么建议，我都会虚心接受您的批评！

那位乘客的表情突然变得严肃，似乎想要说些什么，却并未发声。他接过留言本，开始写了起来。

等到飞机平稳着陆，所有乘客逐一离开后，空姐原本以为自己要倒大霉了，没想到，当她打开留言本，却惊讶地发现，那位乘客在纸上写下的并非是投诉信，反而是一封表扬信。

是什么让这位苛刻的乘客最后决定不再投诉呢？在信中，空乘读到了这样一段话："在整个过程中，您展现出的真挚的歉意，尤其是您的12次微笑，深深地感动了我，使我最后决定将投诉信改写成赞美信！你们的服务水平非常高，如果下次有机会，我还会选择乘坐你们的这趟航班！"

故事到此为止，相信每个人都明白了细节的重要性，也都理解了只有关注细节，才能把事情做得更出色的道理。空姐认识到自己工作失误后，先是向乘客诚挚道歉，承认是因自己的过失耽误了乘客的服药时间。空姐把该做的事已经做到了位，至于乘客是否原谅，那是乘客的事儿。通常而言，事情本可以到此为止，但空姐并没有原谅自己的过失，把处理这件事的分寸表现在细节上——微笑，最终用12次微笑换来乘客的谅解和赞美。

其实，无论从事的是何种工作，无论以何种方式行事，只要把分寸渗透到细节里，用细节诠释分寸的重要性，如此积累，日久天长，便积少成多，终将能成就一番事业。

老子云："天下难事，必做于易；天下大事，必作于细。"意思是说，普通人想要成就一番事业，必须从最简单的事情做起，从细微之处入手。可见细节的魅力。

待人处世如此，人际交往亦如此，分寸之中蕴含着许多关于"细节"的奥秘。具备分寸感的人，言行中充满对细节的关注，这自然会赢得他人的尊敬和信赖，使他们能在人性丛林中自如地行走，灵活地应对。因此，在人际交往中，一定要将注意力更多地放在细节上，只有这样，才能拥有超越常人的判断力和洞察力。

例如，如果发现对方的表情严肃，在与其交流时，应尽可能保持冷静、稳重的状态，而不是过于热情或过分张扬；当发现对方在交流中频繁看表，且语速快，则应适时结束对话，或将话题转向对方感兴趣的领域；当发现对方的情绪中表现出微妙的低落，应适时地表达关心和问候，这样做能起到安抚的作用。

此外，还需要根据社交环境的变化来调整自己的言行，避免一些不合适的细节行为影响到自己的形象。例如，当独处时可以表现得随意一些，而公共场合，必须注意降低说话的音量，保持良好的坐姿和站姿。在一些气氛较为庄重的场合，需要注意穿着得体，并控制好自己的面部表情。

关注细节的人还能敏感地察觉到他人身上的微妙变化，并适时表达问候或给予赞美。特别是女性，她们大多注重自己的打扮，一旦有人注意到她们改变了穿衣风格、稍微做了些发型的变化，她们会感到非常惊喜，会对发现者产生良好印象。如果想要得到他人的好评，不妨从这个方面着手。

在许多情况下，说话者往往很快就会忘记自己曾经说过的话，如果能在这种随意的话语中"做文章"，对拉近与他人之间的距离具有重要意义。例如，一些高情商的人会用心记住交谈对象随口说出的一句话，并在适当的时候提起，对方通常会因为被重视、被尊重而感到高兴。在为人处世中，成功在于把握分寸，关注细节。回想出现在我们的身边那些情商高的人，他们总能发现那些普通人最容易忽视的细节，并根据这些细节给予他人适当的关心和重视。而平凡之人和杰出之人的很大区别就在于是否关注细节，是否真诚待人。从细节中发现真理，对小事尽善尽美，最终能使人脱颖而出。这就是"大礼不辞小让，细节决定成败"的道理。

一个人是否受人喜欢或讨厌，往往取决于那些看似微不足道的小事和细节。在社交场合中，需要敏感地捕捉这些细节，并恰当地把握好分寸，绝不能因为忽视小事而造成大的损失。

人情不能随意送，关键要把握好度

一头猪走到牛的面前，向牛诉苦："大家都称赞你很和善，这点我也承认，因为你只吃草，却给他们提供了牛奶。但是他们从我身上得到的东西更多啊，他们享受的香肠、火腿、猪肉不都是我提供的吗？甚至我的猪蹄子都被他们拿去煮了！然而，大家却都不喜欢我，对他们来说，我只是一只让人厌恶的猪！这是为什么呢？"牛思考了一会儿说："可能是因为我在活着的时候就对他们有所帮助。"

这个故事虽然简单，而含义却很深远：在帮助他人时，一定要把握好分寸，否则即便你付出生命，也可能无法获得他人的感激。可能有很多人无法理解这一点，但你需要明白，这个世界上没有人愿意欠别人的人情。

因此，在送人情时要掌握好分寸。送什么，送多少，何时送，怎么送，都需要技巧。适当的关怀是人情，不适当的关怀会引起尴尬。无论是无意中的人情，还是有意的人情，都涉及到如何让对方感受，如何让对方认识的问题。而送人情最重要的不在于你送的这份情分是否轻，而在于对方是否感受到重。所谓"千里送鹅毛，礼轻情义重"就是这个意思。通常人们最珍视的人情就是雪中送炭，口渴喂水。可别小看这"一炭之热""滴水之恩"，受此人情者，只要日后有所能力，就会倾囊相送、涌泉相报。

我们在社会中谋生、立世，内心都有一些需求，有的迫切有的不紧急，有的重要有的次要。而当我们急需帮助时，如果遇到别人的援手，我们会心怀感激，甚至永生难忘。在饥饿时送来一根胡萝卜和在富裕时送来一座金山，人们内心的感受完全是两回事。有特定爱好的人遇到兴趣相投的人会感到无比兴奋，认为这是人生的一大乐事。两个性格相合的人，就容易成为朋友。所以要想得到人情，就应该深入理解其中的奥秘。

在三国鼎立的前期，周瑜的地位并不显赫。他曾在军阀袁术的麾下担任一个官职——某个小县的"居巢长"。

这个时候，地方上出现饥荒，战乱也使得粮食问题变得越来越严重。乡镇的居民没有粮食吃，只能吃树皮和草根，饿死了很多人，军队也因为饥饿而失去战斗力。周瑜作为地方官，看到这种惨状，心里急得像热锅上的蚂蚁，不知道该怎么办才好。

有人提议，说附近有个善良慷慨的财主叫鲁肃，他家一直都很富有，肯定储备了很多粮食，不如去向他借一些。

周瑜带着随从去拜访鲁肃，刚刚寒暄完，周瑜就直接说："老兄，我不瞒你，我这次来，是想向你借一些粮食。"

鲁肃见周瑜神采飞扬，一眼就看出他是个有才华的人，未来一定会有大作为，他并不在意周瑜现在只是一个小小的居巢长，哈哈大笑说："这只是一件小事，我答应了。"

鲁肃亲自带着周瑜去查看粮仓，当时鲁家有两个粮仓，每个都存有三千斛的粮食。鲁肃大方地说："不用说什么借不借的，我把其中一个粮仓的粮食送给你。"周瑜和手下见他如此慷慨，都惊呆了，要知道，在饥荒的年代，粮食就等同于生命！周瑜深深被鲁肃的言行所感动，两人立刻成为了朋友。

后来，周瑜的事业有了发展，成为了一名将军，他始终记得鲁肃的恩情，向孙权推荐了鲁肃，鲁肃终于有了施展才华的机会。

人们总是对那些在困难时伸出援手的人怀有特别的感激。有位女士这样描述："我有一个朋友，每当我需要帮助的时候，他总会出现。比如：我有紧急事情需要用车，或者上班快要迟到时需要用车，只要我打个电话，他就马上赶来，可以说每求必应。事情解决后，我们各自忙自己的事情。每逢节日，我总会第一时间想到他，给他发一条短信，表达我最真诚的祝福和问候。"

对于处于困境中的人，仅有同情并不足够，应该提供实际的帮助，帮助他们渡过难关，这种在困难时伸出援手、分担痛苦的行为最容易引起对方的感激，从而建立友情。例如，一个商人在做生意中赔了本，向几位关系较好的朋友借钱，都被拒绝了。无奈之下，他向一个平时不常交往的朋友求助，在他解释了情况后，对方毫不犹豫地借钱给他，帮助他渡过难关，他内心深为感激。后来，他发达了，始终记得这次借钱的恩情，经常特别照顾那位朋友。

可见，给人送人情也要把握分寸和技巧。具体说来，有如下几点：

（1）喝足了井水的人，往往会离开井边，所以你应该控制好分寸，让对方总是有些口渴，这样他就会对你产生依赖感。一旦他不再依赖你，可能就不会再对你恭敬有加了。

（2）如果你的下属都希望能通过你获得一些利益，你应该如何给予他们人情呢？首先，你应该经常给他们一些小恩小惠，但不要一次性满足他们所有的期望，否则，他们可能会对你的大恩大惠视而不见。

（3）对他人的过度恩惠，可能会让他们感到自卑甚至厌烦你，因为他们一方面觉得自己无法回报这份恩情，另一方面可能会觉得自己无能为力。

（4）对他人施以微小的恩惠，不要让他们觉得你在刻意讨好他们。这样一来，你给予的"人情"就可能变得不再珍贵了。

（5）当对方不需要时，你给予的关怀可能会让对方感到不必要，对方可能不会领你的情。

一种灵活应变的策略

在我们周围，经常可以看到一些优秀的人，他们能力非凡，具有很强的主见，总能够表达自己的想法，并可以有效地解决所遇到的问题。在他们的朋友和同事眼中，他们能够控制各种情况，也可以保持自己的强势风格。

然而，通过仔细观察和深入分析，我们会发现，这样的人有时候会倾听他人的观点，有时候会站在他人的角度看问题，有时候则保持完全的沉默；他们有时候会做出妥协，有时候则坚守自我，有时候保持理智的态度，有时候会有情绪的爆发；他们偶尔会显得非常冷淡，但在需要的时候，又知道如何赢得他人的心。面对不同的人、不同的事情、不同的环境，他们通常能够采用不同的应对策略，展现出不同的风格。

这种灵活应变的方式，是为人处世的一种有效策略，更是一种分寸。分寸是指说话或行事的适当标准或界限，是对距离、力度、方向、方式的巧妙掌握，而这种掌握就体现在灵活应变上。对于每个人来说，生活本身会提供各种不同的选择，因此我们需要灵活变通，进行差异化处理，这种差异即使非常微小也能体现出分寸感。

一天，一位小姐来到某商场内衣销售区。

销售员："小姐，你是想购买内衣吗？进来看看，款式多着呢！"

客户："这款挺漂亮的，是什么牌子的？"

销售员："小姐真有眼光，这是我们昨天刚进的货，是××牌的，它的透气性很好，受到很多年轻女性的追捧呢。"

客户："我没听说过这个牌子。"

销售员："是的，可能您没听过这个牌子，是因为我们总公司对产品的宣传力度不够，但产品的销量确实非常好，一些老客户，常年都买我们的内衣。对了，全国的大中城市都有我们的专卖店，不过本市只有我们一家。小姐肯定知道××品牌吧，这两年，我们努力的目标就是要成为和××一样知名的品牌。"

客户："真是这样吗？"

销售员："是的，我们品牌的设计理念就是要让每一位穿着它的女性感觉轻松、舒服，起到保护身体的作用。毕竟，产品质量如何，也直接关乎我们的销售量和信誉度，把产品做好是任何一个品牌形成的最根本原因。"

客户："这话倒不假。"

销售员："您手上拿的这只是其中一款，您看看这边，还有一些设计新颖的款式……"

案例中，我们发现，这位销售员把灵活应变拿捏得非常到位，当客户提出"没听说过这个牌子"时，她并没有直接否认客户的观点，诸如这样回答："怎么会没听说过呢，我们可是全国知名品牌。""这个品牌推出好几年了，在这一行业很有名。"因为这种解释未免显得太空洞无力，毫无说服力；她也没有直接承认客户的观点，比如说："我们这牌子现在正在多家媒体上打广告。""不瞒您说，这是个新牌子，刚刚上市。"因为这样回答无疑验证了客户的顾虑。这里，她先给自己的品牌找了个不为客户知道的理由——"我们的宣传力度不够"，然后她再将品牌的目标和发展趋势告知客户，最后，她再将产品的主要优势介绍给客户，并进行一系列的分析，客户才打消对这一陌生品牌的疑虑。可以说，销售员将产品与客户信任的品牌进行对比，突出其性价比，就体现出销售运作上的分寸。

保持灵活应变的策略，不仅仅是态度的调整或方法的改变，更是一种对环境动态的把握，当自我所遇到的人、事物发生转变时，自我能够感知这些变化的程度或数量，能够识别出不同事物间的差异或者关联，然后根据情况做出不同的应对方案。

那么，在实际工作、生活中该如何掌握好灵活应变的分寸呢？

1.说话虚实得当

做诚实的人，说真实的话，应当是人们的一项基本原则，但直言不讳并不总是被大家接受，特别是有时候连自己也不确定要说的是不是真话，那么我们应该怎么处理呢？

李某请朋友帮忙办理一件事，突然听闻朋友被逮捕"入狱了"，又不确定是否真实，于是去朋友家看望。果然只有朋友的夫人在家，而且满面忧虑。李某开口问："老李怎么不在家啊？"朋友的夫人深深地叹了口气："唉！心脏病又复发了，昨天被送到医院……"

原来如此！如果李某直接向朋友的夫人询问，朋友是否真的被逮捕了，那会是什么情况呢？李某是这样想的：如果朋友真的被逮捕了，他的夫人肯定会如实告诉他。

这种虚虚实实，转换自如的交流方式，既探听到了真相，也不会给人一种唐突的感觉。

2.用轻松幽默的玩笑话说实事

轻松诙谐的话题，通常能带来情绪上的愉快；严肃庄重的话题会让人紧张谨慎。只要条件允许，最好能将严肃庄重的话题以轻松诙谐的方式表达出来，对方更易于接受。

一名员工在短时间内，连续两次提出有效的建议，使得生产成本分别降低30％和20％。老板非常满意，对他说："年轻人，继续努力，我不会亏待你的。"

这名员工自然明白这句话可能意义重大，也可能毫无价值。他想要些实质的东西，于是轻松地笑了笑，说："我希望你会把这句话转化为我的薪资。"老板心领神会，笑着回答："会的，肯定会的。"没过多久，他就收到一个大红包和薪资的提升！

面对老板的口头激励，如果年轻人不以俏皮的方式进行处理，而是坐下来严肃认真地提出涨薪请求，并列出一系列的理由，这岂不是大煞风景，还有可能适得其反。

3.绕个弯子套对方说话

有时候，一些话自己表达出来会感到难为情，这时，引导对方先说话无疑是最好的策略。

王某打算与好友杨某合伙做一笔生意，在他将一大笔资金交给杨某的第二天，杨某暴病而亡。王某立即陷入困境：如果直接开口要回款项，可能会过于刺激杨某的遗孀；如果不提这件事，自己眼前的状况又难以维持。

在帮忙处理完丧事后，王某这样对杨夫人说："真没想到杨哥走得这么早，我们的合作才刚刚开始。这样吧嫂子，杨哥的那些业务伙伴你也熟悉，你用这笔钱继续把生意做下去吧！需要我跑腿时尽管开口，我不怕吃苦。"

结果如何呢？杨夫人反过来安抚他说："这次的事故让你在生意上遭受损失，我现在根本没有心思做下去，你还是把资金拿回去，等以后有机会再说吧。"

在这个例子中，王某并没有表现出追讨款项的意思，反而显得很豪爽。其实他清楚杨夫人既没有能力也没有心情继续做下去。他在话语中含蓄地提醒：我只能出力跑腿，却不熟悉那些业务关系；面对重重困难，我也无能为力。就这样，王某巧妙地要回了自己的大笔资金。

第二章　自我认知

人生当自强，但不能逞强

为人处世的过程中，

如果不能清醒地认识自己，

就很难有所成就。

这里的认识，

主要是指做人的基本原则和处世的基本方式。

它是一条基本底线，

时刻提醒我们如何做才是恰当的。

如果逾越这条底线，

就很容易给自己造成被动的局面。

得意时，要清醒地认识自己

懂得人生道理的人知道：一时的成功不意味着永恒的成功，也不意味着你就比别人优秀。面对成功，如果过分炫耀、自满，只会招来别人的反感。

中国人受儒家思想的深刻影响，"虚心使人进步，骄傲使人落后"这样的名言、箴言不胜枚举。只有在荣誉面前保持谦逊，才会有更多的提高，也不会伤害到别人，尤其是没有成功的人的心情。

不只是中国这样，国外也一样。美国发明家富兰·克林曾说："缺少谦虚就是缺少见识。"英国思想家斯宾塞认为："成功的首要条件是真正的虚心，对自己的一切敝帚自珍的成见，只要发现与真理相悖，都愿意舍弃。"法国哲学家孟德斯鸠说："我从来不夸耀自己，我有财富、有家族，我花钱大方，朋友们说我幽默，但是我从不提及这些。虽然我有一些优点，而我自己最看重的优点，就是我的谦虚……"由此可见，谦虚是我们人类共同重视的美德。

爱迪生是世界上最伟大的发明家之一，他一生创造了许多惊人的发明，如电灯、留声机、电影机等，为人类的文明进步做出了巨大的贡献。但是，他并不为自己的成就而骄傲自满，而是保持着谦虚的态度，不断地学习和探索。

有一次，他去参观一所大学的实验室，看到了一些先进的仪器和设备，他对实验室的负责人说："你们这里的设备真是太棒了，我从来没有见过这么好的东西。你们一定能做出很多有价值的研究。"实验室的负责人听了，很是惊讶，他说："爱迪生先生，你是世界上最伟大的发明家，你的发明改变了世界，你怎么能说我们的设备比你的好呢？"爱迪生微笑着说："你太过奖了，我只是一个普通的工匠，我所做的只是把一些已有的东西拼凑在一起，而你们才是真正的科学家，你们是在探索自然的奥秘，你们的工作才是真正的创造。"

爱迪生的谦虚，赢得了实验室负责人和其他科学家的敬佩，他们都认为爱迪生不仅是一位伟大的发明家，同时也具有伟大的人格。爱迪生的谦虚，也激励了他自己，使他在发明的道路上不断前进，直到生命的最后一刻。

谦虚不只是成功的因素，谦虚与心灵的安宁也密切相关。心灵的安宁是做人的一种最高境界。我们越不在人前炫耀自己，就越容易获得心灵的平静，也越容易获得别人的尊重，得到别人的支持。

炫耀自己是一个危险的、非常可怕的陷阱，而且这个陷阱是我们自己亲手挖掘的。它会使自己把大量精力用在展示成绩、自夸自吹，或试图让他人认可你的个人价值方面。而吹嘘、自夸通常会让人自负自满，把荣誉当作自我赞赏的饰物。

一个人的成就再高，也只是相对于个人而言；在我们所存在的这个宇宙之中，没有什么不是微不足道的。如果你在某一方面达到了一定的水平，不应该过于重视它，因为它已经是你的过去。不要迷恋你的影子——哪怕它很辉煌，它终究只是虚幻的影子而已。要明白，当你迷恋自己的影子不肯放手时，你正好背对着照亮你的太阳。

也许你所自豪的事正好是被人嘲笑的缺点，就像口袋里藏着一瓶麝香的人，不会到十字路口去喊叫，让所有的人都知道自己口袋里的东西，因为他身后散发的香气足以说明了一切。

真正精通处世"诀窍"的人是决不会滥用自己的优点和光环的，他会坚持努力去做那些必须做的事。正如俄国学者巴甫洛夫所劝告人们的："决不要陷于骄傲：因为一骄傲，就会在应该赞同的时候固执起来；因为一骄傲，就会拒绝别人的建议和友情的帮助；因为一骄傲，就会失去客观的标准。"

更糟糕的情况是，你在得意时越炫耀自己，别人就越躲开你，在背后议论你的自大，甚至可能因此而厌恶你。而你越是不去寻求认同，不去故意表现自己，你就会得到越多的认同和赞美。要明白，在日常生活中，人们更关注那些内敛、自信，不时时处处展示自己的正确与成绩的人。大多数人都喜欢那些不自夸的、谦虚的人，他们总把自己隐藏在心里，而不是以自我表现为中心。

有一位朋友对谦虚曾有过深刻的感悟。在升职后的几天里，与朋友聚会。朋友们都不知道他晋升了，他很想把这个好消息分享给大家。而且他与另一个朋友都是升职的候选人。作为候选人，他和这个朋友之间自然有些竞争，现在的结果是他升职，所以他极想向大家宣布自己升职而那位朋友没有。可话快说出口，他却隐隐觉得有个声音在说："别，千万别说！"于是他只微微地笑了一下，仅仅告诉大家自己升了职，而并未提到另一个朋友没升职之事。因为他明白，这事不说大家也清楚，说出来反而损害自己的形象，伤害朋友间的关系。自己在心里高兴一下不就行了吗？

总而言之，如果自己得到哪怕是经过艰辛努力而得来的荣誉或成绩，可以在自己心里庆祝，还是尽量不显露为好。

戒狂，适当掩藏自己的锋芒

谦虚使人进步，骄傲使人落后。狂妄则是人生道路上最可怕的泥沼，那些井底之蛙、自以为是的人，往往容易在泥沼中沉沦。正所谓"人外有人，天外有天"，高手之外还有高手，任何人都不免有缺点，谁也不能做到样样出色，如果不能保持心中的平和，保持谦虚之心，不仅是自身肤浅的表现，还会招人厌恶，引来别人的诋毁或打击，可谓咎由自取。

北宋时期，王安石与苏轼同在朝中任职。他们是知音，作为翰林院学士的苏轼才华横溢，能言善辩，很得宰相王安石的赏识。苏轼却终于口出祸端，自毁前途。

王安石闲暇时很爱搞训诂，而且自以为颇有见解。有一次他解释："笃"字从竹从马，是因为用竹子去抽打马，会发出"笃笃"的声音，所以"笃"字是"竹"下"马"。

有一天，王安石与苏轼二人谈到了拆字，王安石说："'坡'字从土从皮，所以坡乃土之皮也。"

苏轼听了笑道："按您老的说法，'滑'字乃水之骨也。"语气中不无嘲讽。

王安石不以为意，继续说："鲵字从鱼从儿，合为鱼子。四马为驷，天虫为蚕。古人造字，并非没有道理。"

苏轼还是笑了笑道："鸠字九鸟，您老可知其中典故？"

王安石被苏轼难住了，就请苏轼解释。

这下苏轼便扬扬得意地说："《诗经》云：'鸤鸠在桑，其子七兮。'加上父母，不是九个吗？"王安石听了，非常厌恶他的轻佻，第二天就把他贬为湖州刺史。

苏轼的一生充满了与时代格格不入的故事。我们在赞美他豁达自在、不拘一格的同时，也应该意识到，正是因为他不会隐藏自己的锋芒，不谙或是不屑中庸处世、低调做人的哲学，才直接导致他遭到朝廷权贵的排斥，他的政治才能没有得到充分的发挥，甚至差点因为几首诗而丧命。但不可否认的是，文章憎命达，他的文学成就不容小觑。

在人际交往中，即使你很出色，也要尽量收起骄傲之心。否则，你可能就是下一个倒霉的苏轼。

当然，我们还必须清楚，无论在什么时代，即使你并不自负，只是才思敏捷，如果不会适度低调而过于张扬的话，同样也会招来别人的"打压"，从而惹来无端的祸患。很大程度上，这是因为你的光彩夺目使周围的人自惭形秽。而且你越是有能力，就越容易引起别人的妒忌。

在一次招聘活动中，刚刚毕业的郭峰得到了一家国有企业的青睐。经过一个月的培训，他和其他几个新员工被安排到市场部，成为公司的正式员工。

年轻气盛、志向远大的郭峰怎么会只满足于当下呢？在之后的日子里，除努力工作之外，他利用空闲时间给总经理写了一份长篇意见书，从公司领导的工作方式与方法，到企业职工的福利，他一一列举了现有的问题与弊端，并提出了详细的改进意见。这些意见很快得到了总经理的赞赏，据说连总公司方面看了他的"上书"后都称赞不已。但是由于他加入公司时间太短，晋升的机会最终没能落到他的头上。不过这无疑是个好的开始，郭峰自我感觉非常不错。

然而凡事有利就有弊，由于他锋芒毕露，又忽略了与同事之间的沟通，导致他在公司特别是同部门中人际关系非常糟糕，而且越来越紧张。刚入职的时候，大家还经常互相开玩笑，关系很和谐，可自从受到表扬之后，郭峰敏锐地察觉到，同事们开始有意识地冷落他。后来，只要他在场，大家都保持缄默，他想跟大家聊几句，却没人搭理他，这让他的处境很尴尬。另外，他还被公司里一些掌握权力的领导视为自大、傲慢的代表。渐渐地，连原本欣赏他的总经理也受了影响，开始对他冷淡起来。对此，郭峰自然不满，不免抱怨。结果没过几天，他被叫进总经理办公室，被委婉地解雇。

　　郭峰的经历正印证了"树大招风"的道理，由于他表现得过于张扬，因此成为众矢之的。抛开他的优秀和锋芒会引起同事的心理失衡，产生妒忌心理不谈，他的意见书，其目的就是表明领导的工作有着许多缺漏，必然会激起他们的危机感和防范意识。出于自身利益，他们压制、孤立下级，以保住自己的位置，这也是情理之中的事。

　　由此可见，要想在社会上站稳脚跟，有所作为，如何与他人和谐相处至关重要。所以，我们不但要戒骄戒躁，还要随时注意收敛自己的锋芒；否则到时候自毁前程，可就悔之晚矣。

　　或许有人会说："是金子总会发光的。我是金子，我怕什么？与其在那样的环境中委曲求全，还不如早点离开，另寻出路。"可是想一想，出头的椽子先烂？"木秀于林，风必摧之"，永远都是不可改变的事实。因此，对于任何人来说，懂得收敛就是一种做人的技巧。真正聪明的人，一定擅长隐藏自己，只在关键时刻才展示自身的才能。而那些不懂得藏拙，甚至对明哲保身之道不屑一顾的人，在别人眼中就像一只锋芒外露的刺猬，结果不是让人敬而远之，就是激起别人的斗志或敌意，从而为自己惹来麻烦。

欲速则不达，谨慎小心驶得万年船

时间就是效率，珍惜时间提高效率对谁都很重要，但成功都有一个过程，任何事情都不能急于求成。比如等公交，着急也没用，因为公交有它自己的时间表。古人云"欲速则不达"，世间很多事情并不是急功近利就可以做成的，急躁的后果不是让人心神不宁，就是让人做出草率的行为，不仅事与愿违，还常常自食其果。所以要成大事，必须谨慎小心。只有遇事深思，精益求精，才能稳扎稳打，掌握胜局。

明代嘉靖时期，奸佞严嵩凭借写青词和拍马逢迎飞黄腾达，深得皇帝信任，一时权倾朝野，很多忠良之士受其欺压。一些有志之士都在暗中积聚力量，打算一举铲除严嵩，比如内阁大学士徐阶。

当时，徐阶与严嵩同为内阁成员（严嵩是首辅）。徐阶廉洁公正，在朝中很有威望，加上他不愿投靠严嵩，严嵩就多次图谋陷害他。但徐阶小心谨慎，严嵩暂时也找不到什么把柄。对于一些无足轻重的人身攻击，徐阶一向装作不闻不问，从不与严嵩正面争执。

徐阶的家人劝他说："你是朝中重臣，严嵩屡次害你，你却只知道忍让，这样终究不是办法，迟早有一天你会被他害死！你为什么不向皇上告发他的罪行呢？"徐阶说："现在严嵩欺上瞒下，皇上对他言听计从，又怎么会听我的话呢？如果我现在告发他，不仅扳不倒他，反而会连累大家，此事应该慎重考虑。"

与此同时，严嵩却步步逼近，让儿子严世蕃对徐阶恶语相向，借机挑衅，试图惹怒徐阶。一天，严世蕃当着朝中群臣的面侮辱徐阶，徐阶却一点儿也不气恼，反而不停地给严世蕃道歉。有人为徐阶抱不平，徐阶听了连忙说："你误解了。一切都是我的错，严大人指出我的缺点，我羞愧难当呀！"

更令人意外的是，为了讨好严嵩，徐阶竟然把自己的孙女嫁给严嵩的孙子！嘉靖四十一年（公元1562年），邹应龙告发严嵩父子，嘉靖皇帝命令严嵩告老还乡时，徐阶还亲自上门，慰问严嵩。严嵩感激涕零，当场下拜，并请徐阶为自己在皇上面前求情，徐阶一口答应。

回到家后，徐阶的儿子徐璠问他："严嵩父子罪该万死，现在父亲也该站出来揭露他们了，为何却和奸佞站在一起？"

徐阶装作气愤地说："我能有今天的地位都是严家的恩赐，两家还是姻亲关系，现在严家遭难，我怎能背叛他们，不怕被世人耻笑吗？"

这番话传到严嵩的耳朵里，他对徐阶的忠心再无怀疑，严世蕃也说："徐老先生对我们没有恶意。"他们不知道，徐阶这样做是因为看出了嘉靖皇帝对严嵩还有情分，不会轻易对严家动手。一旦事情失败，就会牵连无辜。而且嘉靖皇帝的心思变化无常，必须小心谨慎。

所以，当众人都指责严嵩父子的时候，徐阶却不停地给他们写信安抚。直到嘉靖皇帝下令把严世蕃关进牢里，徐阶才决定出手，并且亲自草拟奏折，"告发"严嵩父子勾结倭寇，图谋叛乱。这一下激起了嘉靖皇帝的杀意，最后严世蕃被处死，严家被查收，两年后严嵩也郁郁而终。

徐阶不想冒险轻易动手，并不是因为他怕事怕死，而是因为他明白"贼咬一口，入骨三分"的道理。徐阶没有十足的把握，绝不轻率行事，可说是小心翼翼。在紧要关头，他又敢于突破"原则"，在敌人的"伤口上撒盐"，这虽然有些"不厚道"，但是"灭魔"就是"卫道"，对于国家来说，此举有功无过。所以，我们做人做事也应该谨慎小心，灵活应变，不能盲目冲动。关键时刻也不能过于仁慈，否则不是自讨苦吃，就是留下隐患，最终招致报复。

曾国藩在太平天国起义爆发后，及时组织了自己的军队——湘军，积极围剿太平天国。当时清廷对他的态度非常复杂：不用他吧，太平天国势力强大，难有对手；用他吧，他又是个汉人，手握兵权，恐怕日后会有异心，毕竟湘军都是他亲手培养的亲信，这是对清廷的巨大威胁。权衡利弊，清廷对曾国藩采取了一种"用你出力可以，但是不给你高位与权力"的策略，这让曾国藩很是忧虑。为消除清廷的疑虑，曾国藩暗中观察分析，准备找一位朝廷重臣为自己说情。

不久后，清军江南大营战败，两江总督何桂清战时逃跑，咸丰皇帝只好考虑换人。这时重臣肃顺出面，力荐曾国藩，咸丰皇帝同意。但在圣旨下达之前，肃顺就通过胡林翼（湘军将领之一）秘密告知曾国藩。曾国藩读完肃顺的密信，激动得手都在抖，心里充满感激之情，他想给肃顺写一封感谢信！

曾国藩总有些不安。他想：肃顺为什么要把这件事告诉胡林翼和我呢？显然，他想拉拢我。肃顺精明能干，气魄不凡，敢于任用汉人，但他傲慢专横、一意孤行，依仗皇上的恩宠，甚至连恭亲王也不放在心上。恭亲王等人在朝中势力很强，肃顺孤立无援，听说皇上身体状况很差，一旦有变，肃顺怎能与恭亲王抗衡？他这样亲近我，难道有什么不轨之心？还是小心为妙！

思来想去，曾国藩没有给肃顺写感谢信，而且之后从来没有和肃顺有过任何私下联系。

后来发生的事情众所周知：慈禧和恭亲王联手杀了肃顺等顾命大臣，掌握大权，一并处决了许多与肃顺关系密切的人，曾国藩却因为没有在肃顺家中留下"只言片语"而受到慈禧的"另眼相看"，深得其信任。

有人认为，"机不可失，时不再来"，"三思而后行"不但会错失良机，也会让人变得毫无斗志和闯劲。但谁都无法否认，这其实是人生的原则，它不仅能帮助我们实现一番大业，还可以让我们平安处世，甚至成为典范，比如曾国藩。所以，我们也应该高标准地做事，低调谦逊地做人，凡事三思，为自己营造一个宁静、和谐的大环境。只有这样，才能在大展宏图的路上，没有顾虑和困扰。

过于耿直会让你四处碰壁

性格耿直的做人正直不屈，坦诚、实在，有底线，对朋友忠诚，是最值得交往的人。但是，耿直的人往往比较固执，他们一身正气，这必然决定了他们看不惯社会上的一些邪恶和肮脏，甚至不允许自己有必要的妥协。因此很多时候他们显得不懂人情，也往往因此处处受挫。俗话说"兵强则灭，木强则折"，一个人性格耿直是好事，但是绝不能耿直到不顾一切的程度。否则这种不知变通的性格，最终会让自己在社会上碰得头破血流，吃尽苦头。

邓肯是19世纪最具传奇色彩的女性。她小时候直率无邪，毫不掩饰。

有一年圣诞节，学校举行庆祝活动，老师一边发糖果，一边说道："小朋友们，这是圣诞老人给你们送来的礼物……"

邓肯一听就站了起来，一脸严肃地说："胡说！世界上哪有圣诞老人。"

老师虽然很气愤，但还是忍住心中的怒火，改口说："只有相信圣诞老人的乖女孩才能拿到糖果。"

"我才不在乎糖果！"邓肯回答道。

结果老师大发雷霆，不仅没给她糖果，还惩罚了她。

邓肯的经历并不是个例，现实生活中也有很多这样的情况。由此可见，过分的耿直、诚实并不是好事。曹雪芹曾说："世事明了皆学问，人情通达即文章。"耿直当然是美德，但也要看时机，看场合。如果太过耿直，那就成了祸事的起因。所以，要想人生的路走得顺一点，不仅需要耿直，还要在必要时学会变通。

唐宣宗在位时，国舅郑光凭借自己的势力，任由自己府上的管家横行霸道，京城百姓怨声载道。京兆尹韦澳想以此人为例，严明法度，命令将这个管家拘入监狱，择日处决。这样一来，郑光的气焰被打压，他不知悔改，反而厚颜无耻地到唐宣宗那里为管家求情。

唐宣宗心软难拒，便将韦澳叫到宫里，让他放过郑光的管家。韦澳理直气壮，说得有理有据，唐宣宗也明白韦澳是为国家大义着想，便说："你说的都没错，但是国舅多次来求我，你把那个管家好好教训一顿，饶他一命，行不行？"

韦澳心想：按照唐律，缴纳赃款和罚金可以免死。于是他说："既然陛下有命，我不敢违抗。但是，请允许我暂时扣留他，等他把所欠的租税和罚金还清后，再放他走。"唐宣宗欣然同意，说："可以，可以，我为了国舅，妨碍了你的公事，心里很是过意不去。"

这个故事告诉我们，其实世间并不非黑即白，能否把握中间的灰色地带，能否掌握规则的灵活性与适应性，做到因时、因地、因人而异，才是为人处世的根本。无论是打击邪恶还是鼓励良善，抑或是人际相处，我们都要放下固执和冷漠的教条主义，切实考虑实际情况，以及处理方法的合理性。否则不仅难以达成预期目标，还有可能弄巧成拙，招惹麻烦。

公元前202年，汉高祖刘邦登基为帝。之后，为了巩固刘氏的江山，刘邦陆续铲除长沙王吴芮之外的六个异姓诸侯王。他认为，秦朝灭亡是因为秦始皇不分封子弟的原因，于是就在异姓诸侯的旧地上封了自己的兄弟子侄九人为王，又杀白马，和群臣一起立下"非刘姓不王"的盟约。这样做在汉初确实起到刘姓王国辅佐中央的作用，但是后来这些属地政权逐渐强大，不听中央朝廷的号令，各自成为独立王国。汉文帝时，还多次发生过属地政权造反的事情。

汉景帝继位后，这种矛盾愈发尖锐。当时的御史大夫晁错就向汉景帝提议，缩小诸王的封地，加强中央集权，以防止叛乱。消息传出后，引起诸侯王的强烈反对，很多诸侯王也因此对晁错怀恨在心。汉景帝担心矛盾升级，因此很是犹豫，但晁错再三坚持削藩，终于说服汉景帝，开始着手准备。

晁错的父亲得知消息后，急忙从故乡颍川赶到京城长安，劝晁错不要"离间骨肉"，晁错却说："如果不削藩，刘氏的天下就难以保住。"晁错的父亲气愤地说："你只顾着保刘氏，就不管我们晁氏吗？"但晁错仍然不听，晁父无奈回家，不久后愤而自杀。后来正如晁父所言。汉景帝三年（公元前154年)，吴王刘濞联合其他六国，齐聚几十万大军，举着"清君侧、诛晁错"的旗帜造反，汉景帝惊慌失措。这时与晁错有宿怨的重臣袁盎向景帝建议：既然诸侯造反是因为晁错，不如杀了晁错，以换取七国罢兵的和平局面。汉景帝很快处死晁错。但诸侯王并没有因此而罢兵，汉景帝这才明白诸侯叛乱并不是因为晁错主张削藩，而是要篡夺汉朝的政权。后来，汉景帝动用全国之力，才艰难地把叛乱平定下去。

汉景帝之后，再也不敢有人随意提及削藩了。直到汉武帝时，主父偃提出一种新的解决办法，才解决了这一难题，这就是闻名的"推恩令"。主父偃对汉武帝说："古时候，诸侯的土地从不超过百里，所以国君很容易管理。现在有的诸侯，却拥有数十个城池，土地面积千里。天下安定时，他们容易生出放纵傲慢之心，做出淫乱的事情；形势危急时，他们还会依靠他们的势力，联合起来对抗朝廷。如果用法令强制缩小他们的土地，他们就会反抗。所以必须采取更加切实可行的方法——每个诸侯的子嗣多达十几个，但按照规定，只有嫡长子可以继承权力，其他的子嗣却得不到一寸土地。陛下可以命令诸侯推行恩德，把他们的土地分给子嗣，封他们为侯；这些子嗣必然非常高兴，支持陛下的措施，因为陛下帮助他们达成心愿。表面上看，陛下用这种方法赐给他们封地，但是实际上却削减了诸侯王的土地。这样一来，陛下不用缩小他们的封地，他们的势力自然也会减弱了。"

汉武帝很高兴，就接受了他的建议，结果得到所有诸侯子弟的支持。地方势力威胁中央政权的难题得到了巧妙而有效的解决。

晁错太过固执、直率，不懂变通，最后成为削藩的替罪羊。与其对比，主父偃的主张是非常高明的策略。然而，我们也很难说谁是谁非，谁更高尚，因为在当时的情况下，晁错确实是一个正义的、敢于担当的人。这样的人却不得善终，不禁令人惋惜。看来有时候，我们必须学会变通，否则天下虽大，我们又能到哪里去讲道理呢？

当断则断，瞻前顾后必添麻烦

宋朝的张咏曾经说过："事情有三个难点：能够看清，是第一；看清能做，是第二；做了能坚持，是第三。"狭路相逢勇者胜，机会稍纵即逝，不容有一丝犹豫，只有在时机到来时果断行动，努力争取，才能避免错失良机，实现飞速的进步。从古至今，果断的个性不仅造就了很多人，也直接影响了整个人类社会的发展。而那些优柔寡断、踌躇不前的人，往往是在做出最后决定之际，不得不眼睁睁地看着机会溜走。

熟悉美国历史的人都知道，特伦顿战役和普林斯顿战役是华盛顿的军事杰作。他以果断的指挥，带领着势单力薄的美军在短短十天内连续两次击败英军，极大地激发了美军的斗志，并最终战胜强悍的英国雇佣军，为美国的独立奠定了基础。

美军在纽约失利后，只能向新泽西方向撤退，全国各地的反英运动也陷入困境，很多人甚至心灰意冷。在撤退的过程中，华盛顿敏感地察觉到，分散在新泽西州的英军与主力之间距离太远，如果能够消灭他们，不仅能提升士气，甚至能改变战争的局面。于是在1776年的圣诞夜，华盛顿不顾反对，果断地率领2400名士兵，冒着风雪渡过特拉华河，并于次日清晨悄无声息地到达雇佣军驻地的特伦顿，经过一场激烈的战斗，1400多名雇佣兵有近1000人被俘，包括指挥官约翰·拉尔上校在内的30多人被杀，而美军只有2人冻死，5人受伤。

英军首领洛德·康沃利斯听说特伦顿的守军被全歼，惊慌失措，他马上带着8000英军南下，赶到特伦顿。但他没有立即围攻美军，而是采用分兵两路的战略：他用5000多人与美军对峙，剩下的英军则留在附近的普林斯顿，等待时机出击。面对明显占优势的英军，华盛顿没有硬拼，他果断命令：袭击普林斯顿的英军后备队。1月3日清晨，美军突然出现在普林斯顿，打得英军猝不及防。康沃利斯得到消息，急忙率军从特伦顿赶来，想要与华盛顿决一死战。华盛顿却没有被胜利冲昏头脑，他带领明显处于劣势的美军撤向莫里斯城，让康沃利斯的计划落空。

华盛顿的果断，加速了美国独立战争的胜利。华盛顿也因此得到美军的敬仰。有道是"几家欢笑几家愁"，华盛顿的胜利也意味着英军的挫败。培根在《论决断》一文中表示：一个人要想成就大业，必须在开始做事之前高瞻远瞩，像千里眼那样洞察时机，做事过程中则要把握时机，迅速出击。古今中外，有很多能力本来非凡的人，都是因为缺乏果断的个性，最终成为平庸之人，令人惋惜；而那些行事果断、风驰电掣的人，往往能够成为时代的领军人，创造一番事业。

多年前的一天，一个6岁的小男孩在外面玩的时候，捡到一只还不会飞的小麻雀。小男孩很喜欢它，想把它带回家养着。可是走到家门口，他突然记起妈妈说过不让他在家里养任何小动物。为了不让妈妈生气，他把小麻雀放在门后，然后进屋向妈妈求情。在他的央求下，妈妈破例答应了他。小男孩非常开心，快速跑到门后，可是小麻雀早就不见了，旁边有一只黑猫正满足地舔着嘴巴。小男孩非常难过，从此以后他一直提醒自己：只要是自己决定的事情，绝不能犹豫不决，必须立刻行动。

他后来成为一位备受敬重的教授，但他并不满足于此。他觉得自己在经商方面的才能要比在教育方面更强，于是他不听亲友的劝告，辞掉大学的工作，建立起以自己名字命名的实验室，并成功地制造出世界上第一台计算器，为自己赚取了巨额财富。不久后，他又果断地做出一个让所有人都惊讶的决定：停止生产还在畅销的计算器，开始投入计算机的研制，并迅速占据一定的市场份额。他的公司甚至一度超越IBM，成为业界领先者。他就是华人世界的骄傲——王安博士。

在计算机领域，王安是一个里程碑式的人物，尽管他也曾经犯过家族观念的错误，但是他的雷厉风行，他的果断，永远都是我们的学习榜样。

当然，行事果断必须与冷静分析相结合，不根据具体情况就盲目下结论那叫武断，由此做出的决定无疑是草率的，到头来错失良机事小，功亏一篑可就后悔莫及了。但是相比于莽撞而言，犹豫不决的后果无疑更糟。对此，美国作家威廉·沃特有过深刻的阐述，他说："如果一个人永远徘徊于两件事之间，对自己先做哪一件事犹豫不决，那么他将最终一件事情也做不成。如果一个人本来做了决定，但在听到别人的反对意见时犹豫、动摇，犹豫不前，那么这个人肯定是个软弱的、没有主见的人，他在任何事情上都只能一事无成，无论是重大的事，还是微小的事。"

正如威廉·沃特所言："现实生活中那些犹豫不决的人，不仅常常因为优柔寡断错失很多机会，更因其个性软弱影响整个人生质量。"所以，当机会来临或是遇到其他人生重要时刻，千万不要犹豫，只有当机立断，勇敢行动，你才能把握机会，掌握自己的命运。

追求美，但不追求完美

人生如果过分追求完美，只会让自己得不偿失，甚至被生活撞得遍体鳞伤！因为完美主义本身就是一种缺陷，就像有句广告语说的那样——"没有最好，只有更好"。我们只能无限靠近完美，但永远做不到完美！对完美过于执着，又始终无法达到，必然常常受挫，最终心灰意冷，身心疲惫。

草原上，有一个人养了一群羊，一共100只。他常常赶着羊群，寻找水草，把羊儿养得又肥又壮。人们看了，都羡慕地说："多么好的一群羊啊！"主人听了，非常高兴。

可是有一天，草原上来了一头恶狼，主人的疏忽，就让它吃掉了一只羊。这时，主人的心里开始发愁："少了一只羊，就再也不是以前完整的一群羊了，剩下的那些羊活着还有什么意义呢？"于是，他把剩下的羊赶到一个大深坑旁边，然后把它们全杀了，埋了进去。

这只是一个寓言故事而已，但现实生活中类似的故事却屡见不鲜。为了追求完美，人们不惜一切代价，不断给自己施压，结果反而失去了现有的美，也失去了自我。其实，完美只是人类的幻想。我们可以有梦想，但是绝不能用梦想来支配生活。"夸父追日"，精神值得赞赏，但盲目地追求完美，就会造成悲剧。

培训班上有一位叫艾丽的女士，她在大家眼中是幸运的，因为她拥有许多让别人羡慕的外在条件——漂亮的容貌、迷人的气质以及一份收入颇丰的稳定工作。大家都对这位美女感到好奇，不明白她为什么要来上培训课，授课老师也觉得艾丽根本不用来上这样的课程，因为她选的课程是"如何抗拒忧虑"。

艾丽非常痛苦地对授课老师说："也许在别人看来，我是最幸福的，但其实我也有自己的苦衷。我有漂亮的外表，但我的头发却是黑色的。如果我有一头美丽的金黄色头发的话，那么我将更加迷人，可惜的是我没有。还有更让我难过的事情，虽然我的工作已经很出色，但还是有很多遗憾，如果一些事情没有发生的话，我想我现在应该已经是经理了……还有很多很多事情都让我感到遗憾。我每天都被这些遗憾折磨，从来没有快乐过。难道就不能让我更完美一点吗？"

在悲伤的情绪中，艾丽说出生活中那些让自己遗憾的事情。授课老师从艾丽的话中判断出导致艾丽忧虑的最根本原因是受到"完美主义综合征"的困扰。

授课老师对艾丽说："你何必这样折磨自己呢？生活中我们总会碰到很多不尽人意的事情，而且生活本身就是不完美的，无论你怎么努力都无法弥补这些缺憾。虽然我们不能确保完美，但却可以选择走出不完美的心态，不让自己在不完美中悲叹。相信我，艾丽，这样做才能让你成为一个真正意义上快乐、幸福的女士。"

授课老师的一番话让艾丽受益匪浅，从第二天起艾丽就不再来上课了。后来，艾丽给授课老师打电话："谢谢您，您让我重新找回幸福、快乐。如果没有您的一番话，现在的我还沉浸在不完美的痛苦中。现在，我终于明白了，追求完美其实就是在折磨自己。"

听到艾丽的电话，授课老师真为艾丽感到高兴，因为她已经是世界上最快乐、最幸福的女人了。

确实，世界上没有完美的人，就像我们永远不会找到一片完美的树叶一样，但是谁能说不完美就不是美女、就没有魅力？世界名作维纳斯的雕像之所以美，不正是因为缺了双臂，才让人心灵震撼，以此吸引世人欣赏的目光吗？

可是，受思维方式、衡量标准、行为准则等因素的影响，人们往往会不自觉地向完美看齐，对自己百般为难、拼命施压，对他人吹毛求疵、苛求完美，对问题舍本逐末、拼命钻牛角尖……这样一来，自然会导致许多不必要的矛盾和烦恼。比如，我们可能因为一句话说得不太合适而自责、担忧几小时、几天，甚至一辈子，而对方却早已忘记，根本没在意；再比如，我们可能会因为买不到自己喜欢的衣服而跑遍几条大街，甚至因为追求完美而终身不婚……在此奉劝大家，如果你发现再多花些努力，也不会对事情的最终结果有多大改善的话，那就应该及时住手了。对于生活中的大多数事情而言，完成90%以上已经相当不错了。花大量的时间去追求根本不能与之相提并论的改观，就是在浪费时间。

过分追求完美，往往会让我们本末倒置，忽视事物的重点。如果一个人晚上要休息时突然发现自己一整天的时间只完成一件小事，却因此耽误几件紧急的大事，相信他那晚一定难以入睡。

英国首相丘吉尔执政期间，一些政敌批评他"做事不够完美"，丘吉尔并没有与之争辩，而是给大家讲了这样一个故事：有一天，一个勇敢的船夫在普利茅斯附近救了一个快要淹死的少年。但是这位本应该得到少年的父母和政府的嘉奖的船夫，却在一周后被那位少年的母亲质问："上周救我儿子的人是你吗？"船夫回答："是的，女士，但是……"还没等船夫说完，那位女士急忙说："哦，我找了你好久，我孩子当时戴的帽子呢？"

相信那位船夫一定会被质问得无话可说。但是请问，难道拯救一个生命，一定要把丢失的东西一起找回来才算完美吗？才能让人感恩吗？反过来，如果船夫"救回"帽子却忽视了孩子，那位母亲又会怎么想？这或许正是导致人们生活不幸福、不快乐，工作不顺利、没成就感的真正原因。

心理学家指出，类似的过分追求完美的做法其实就是对一个人的精神施暴。在正常情况下，对自己暴力的人毕竟是少数。但是任何人的忍耐都是有限度的，而且不受控制，一旦这种"暴力"达到一定程度，除了极少数人会消极逃避以外，大部分人多会本着"哪里有压迫，哪里就有反抗"的口号回击过去。

所以，不要总是无理地对别人要求过高。只顾自己的感受，却不顾家人也需要关怀和温暖，这样的家庭氛围怎么能幸福呢？不知道欣赏，不知道包容，不知道分享，你还有什么资格埋怨朋友们冷漠无情呢？不能换位思考，不去解决问题，不去提升自己，却妄想着住豪华别墅、开名车，你只能在抱怨中老去、悲哀；不明白"管理无情，人有情"，只会逼迫员工多劳动，而不愿意给予适当的奖励，你怎么能怪自己的企业留不住人才呢？

另外，你也要明白，缺憾并不是绝望的开始，很多时候缺憾也是一种美，关键还要看你是否拥有发现美的眼睛和心境。人有喜怒哀乐，月有阴晴圆缺，这是永恒不变的自然法则。但月亮总有一天会圆，我们要做的，就是在这个过程中保持一份从容。

所以，我们每个人都应该反省一下自己：我是不是因为脸上有一颗微小的斑点而害怕照镜子，甚至想去整形？我是不是想找一个罗密欧（或朱丽叶）式的完美伴侣？我是不是一直期待交一个完美无缺的知己？我是不是一直想找一个薪水高又轻松的工作？早点清醒过来吧！赶快摆脱完美主义吧！它只是一个华丽的陷阱，只会将你有限的生命消耗在空想之中。

在宽容和纵容之间画一条线

你是否总在为身边出错的人找理由，一遍又一遍原谅他们的错误？总是以"善良"的态度去宽恕他人，希望他们以后不要再犯错误，然而往往事与愿违，最终才发现你的"宽容"却变成"纵容"，成了别人放肆的借口。

宽容是一种对别人的言行表现出的容忍和宽恕。宽容可以帮助我们理解和体谅他人的不足和错误，建立良好的人际关系，也能让我们的心灵更加和谐和安宁。宽容是一种美德，也是一种智慧，需要我们用一颗博大的心去对待自己和他人。而纵容是一种对错误的言行放任并不加制止的态度，会让人们心中的荆棘肆无忌惮地疯长，甚至会导致一些负面的后果。我们要在宽容与纵容间画一条线，把握住严而有度、宽而有格的分寸感。

莎士比亚曾经说过："宽容如同天空的细雨，滋养着大地。它既是宽容者的恩赐，也是被宽容者的福分。"在人类的本性中，只有拥有宽容，才能获得救赎。

林峰是一个出租车司机，妻子患有重病需要长期住院治疗，女儿小雨刚刚上小学，父母年迈体弱需要他的照顾。他的生活压力很大，每天都要开十几个小时的车，赚取微薄的收入，还要应付各种突发的困难。

有一天，他在路上遇到了一个醉酒的乘客，那个乘客上车后就开始胡言乱语，不停地骂林峰，还拿出一把刀，威胁要杀了林峰。林峰一边开车，一边想办法安抚乘客，但是乘客越来越疯狂，最后竟然用刀刺向林峰。林峰一下子失去了控制，车子撞上了路边的护栏。

林峰被送到医院，那个乘客也受了伤，被警察拘留。原来，那个乘客刚离婚，喝了很多酒，想要自杀，却遇到林峰。林峰的妻子、女儿和父母都很伤心，希望那个乘客受到法律的严惩。但是林峰却有不同的想法，他说："我不恨他，我只是觉得他很可怜，他的生活比我还惨，他是一个失去希望的人，他需要的是帮助，而不是惩罚。我选择选择原谅，不去追究他的法律责任。"

林峰的话让他的家人感到很惊讶，他们不明白他为什么能这样宽容，他们觉得他是一个傻子、一个懦夫、一个没有骨气的人。但是林峰的态度却很坚定，他说："我不是傻子，也不是懦夫，更不是没有骨气的人，我是一个有爱心、有智慧、有勇气的人。我知道宽容不是一件容易的事，它需要有一颗宽广的心，一种超越的境界，一种豁达的态度。我相信宽容是一种美德，可以化解仇恨，可以消除痛苦，更可以创造幸福。"

这是一个关于宽容的故事，故事中的主人公林峰遭遇不幸事故，却能够用宽容的心去对待那个伤害了他的人，展现出一种高尚的品格。然而，纵容却是全然不同的态度。纵容意味着对别人的恶行不闻不问，甚至推波助澜。

很多时候宽容与纵容之间只有一步之遥。若失去了尺度与界限，慢慢便生出了放纵之心；当宽容变成纵容，莎翁口中那温柔的"细雨"便会变成"洪灾"。

2018年，一则社会事件引发了广大网友的关注。一名三十多岁的女子在家"吃老本"整整十年。这期间，她的生活费都由年迈的父母支付。记者调查后才知道，这个女子家境一般，但父母对她过分宠爱，导致她形成好吃懒做的性格。

女子大学毕业后，对辛苦的工作、微薄的收入非常不满，索性回到家中"吃老本"。从此，再也没有外出工作，只是每天窝在房间里睡觉，醒来就在电脑上玩游戏。

十年来，老两口儿一再劝导女儿，但女儿始终不听。有时候，父母的话稍微重了些，女儿要么大发脾气，要么自暴自弃，这让老两口儿心烦意乱。面对记者的质疑，老两口儿叹了口气，说："没办法，就这么一个孩子，她想怎么样就怎么样吧！我们只能苦一点儿、累一点儿。"记者无奈地摇摇头，说："你们再这样纵容下去，你们的女儿就真的'废'了。"

这是一个关于纵容的故事。一个女子，因为父母的纵容，失去独立和奋斗的动力，沉溺于游戏和懒惰，浪费了自己的青春和才华。老两口儿因为爱女心切，纵容女儿的任性和无理，牺牲了自己的幸福，养着一个"无用"的人。

没有界限的宽容就是失去底线的纵容，这只会让对方不知悔改、越来越过分。如果你真的关心对方，就一定要明白"爱是严格，宽是伤害"的道理，为自己的宽容设定限度，让自己的同情有个标准，否则只会适得其反。

无论是在家庭婚姻、人际交往，还是职场中都是如此。爱情里，你为了留住对方而任由对方犯错，一次又一次地放弃原则，只会让自己陷入泥潭里无法自拔。你的爱因此变得不值钱，对方只会把你的宽容与善良当成肆意妄为的筹码。收起你没有底线的宽容吧！千万不要用爱的名义去自虐。

在与朋友交往中，过分的宽容或者盲目的顺从都不能建立真正的友谊。真正的朋友会在你错误的时候对你坦诚相告，而不是纵容你一起错下去；真正的朋友会在你自满自傲时及时提醒你，而不是在一旁煽风点火，助长你嚣张的气焰。

在职场中，对同事、对下属过度宽容，只会造成"双输"的结果。与同事合作完成一项工作，同事工作不认真，你不在意，甚至一笑置之，岂料他拖了团队的后腿，损害了团队的利益；下属胡作非为，你视若无睹，一再纵容，只会引发一次次的人事风波。

披着宽容的外套，一次次默认他人的过激行为，不仅不能让你成为"老好人"的典范，反而会让大家对你的尊重与信赖日益减弱。时间长了，你的威望将不复存在。

我们不能毫无节制地对他人宽容，更不能无底线地对自己纵容；否则，等于自取灭亡。很多大学生从大一开始就抱怨着"大学生活太无趣"，于是每天逃课，躺在宿舍看电影、玩游戏，肚子饿了就让室友带饭，生活过得非常颓废。每到考试前就靠着死记硬背来应付。

很多职场上的"老油条"敷衍了事，工作时拖拉马虎是常态，到了周末就躺在床上拿着手机刷剧、聊天，不加节制地浪费着自己的宝贵时光。

当然，成功的途径不止一种，生活的方式也不止一种。但无论选择哪种生活方式，都不能对自己过分宽容和纵容。你沉迷酒局、饮食无度，伤害的是自己健康的身体和优美的体态；你浪费时间、游戏人间，只会让心灵变得越来越空洞，让人生的路越走越窄……

宽容与纵容之间若没有界限，便是不辨善恶黑白的表现，是对恶劣行为的助纣为虐，对自己对他人，都有害无利。因此，宽容要有原则、有标准、有底线，才是对自己也是对他人负责。

第三章　情绪管理
让自己时刻保持最佳状态

生活就像一场不可逆转的比赛，

而情绪是一股巨大的力量，

要想赢了别人，必须先赢自己。

用平和的自己打败暴躁的自己；

用大度的自己打败狭隘的自己；

用博爱的自己打败怨恨的自己；

用不生气的自己打败生气的自己。

这需要我们管理好个人情绪。

当想表达情绪时，要考虑到后果

每个人都有情绪，但有的人的情绪我们能够理解，有的人的情绪却会让我们反感和厌恶。其中的差异就在于表达情绪的方式是否恰当。表达情绪如果没有适当的方式，不仅不会得到对方的认同，还会引发对方更糟的反应。这样一来，自己的情绪不仅不能得到缓解，问题也会变得更严重。因此，表达情绪时不仅要让自己"舒服"，更要考虑后果。

有一个指挥家对工作认真到吹毛求疵的地步，他的脾气很差，经常会因为一些小事而大发雷霆。有一次，他气得差一点把乐谱撕掉。

当时，他指挥乐团演奏一位意大利作曲家的新作，乐队演奏得很棒，但有个段落仍然有一处小缺陷。他指挥乐队反复地演练，可这个小缺陷始终消除不了。指挥家终于忍受不了，气得脸色发红，对着乐手们大声咒骂，随即抓起乐谱就要撕掉。

乐手们吓呆了，因为这是全团仅有的一份乐谱，如果被撕烂了，就再也演奏不了了。大家紧张地盯着指挥家的手，只见他高举的手又慢慢地落下了。他把乐谱重新摆回谱架，继续责骂乐手们，而乐手们悬着的心也终于安定下来了。

培根说："不管你多么生气，都不要做出任何无法挽回的事情。"这表明表达情绪应该有一个准则和底线，那就是"无损释放"，即在情绪爆发时，及时对所处情境做出正确的判断，并选择一种对自己和他人无害，并有助于解决问题的表达方式。

表达情绪的目的，一是为了处理引起情绪的事件，二是为了让他人了解自己的情绪，希望得到他人的支持、理解或鼓励。因此，任何表达情绪的方法都要符合情绪表达的原则和目的。只有这样，表达情绪才能收到好的效果。那么，在表达情绪时，如何做才能把握分寸呢？

1.表达情绪应该适度

做任何事情都应该有限度。所谓表达情绪的原则和底线，其实就是表达情绪的"限度"。无论用什么方式方法表达情绪，即使是表达积极的情绪，也要注意适度和分寸。

例如，与人发生冲突时，心里会不舒服，会想找对方吵架或哭诉，但大声嚷嚷、哭闹不休、乱扔东西对解决问题没有任何益处，甚至会让你从有理的一方变成无理的一方。与其无意义地释放情绪，不如明确地表达你的感受："我很生气""你这样做是不对的""你要如何赔偿我的损失"。

2.表达情绪的口气要平和、措辞要合理

表达情绪时要尽可能语气平和、用词恰当。或许你会想："这我做不到，有情绪时谁能说话客气！"的确，情绪激动时，话语难免尖锐。但是，如果你表达情绪的目的不是为了伤害对方，也不是为了释放，而是为了和对方有效沟通，解决问题，你就必须端正自己的态度，改变自己的表达方式。

3.杜绝使用语言暴力表达情绪

"这么简单的事情都搞不定，你还有什么存在的意义！"

"像你这样没用的人，说出来的话我是不会理会的。"

"你看看隔壁家里的×××，再看看你，人家怎么样样都能做得完美。"

……

许多人在表达情绪时，会不自觉地把自己变成一只刺猬，以攻击他人的方式来释放自己的情绪，其中最常使用的就是语言暴力。所谓语言暴力，是指用辱骂、诽谤、轻视、嘲讽等侮辱性的语言，伤害他人的自尊，导致他人在精神或心理上受到创伤。人们在使用语言暴力时往往会为了发泄而言过其实，对说出口的内容不加思考，结果对他人和双方的关系造成无法挽回的损害。使用语言暴力，在伤害他人的同时也会伤害自己。每个人都要对自己说出口的话负责，不要因为一时的快意而造成一生的悔恨。

4.杜绝使用冷暴力表达情绪

有些人在表达情绪时喜欢用缄默对抗。他们用冷眼和冷落向对方传达自己的情绪，甚至干脆以拒绝交流的方式对矛盾进行冷处理。相比语言暴力，冷暴力造成的伤害可谓无处不在。表达情绪者将问题无限推迟，这样人与人之间的矛盾就会一直存在，冷漠的氛围会使双方的关系更加僵化。因此，为了自己和他人，冷暴力式的沟通要不得。

5.杜绝用暴力表达情绪

用暴力释放情绪，也许你的情绪会得到一时的发泄，但付出的代价却是惨重的。用暴力释放情绪是与无害表达情绪的原则相背离的，对于解决问题没有任何好处。表达情绪不能伤害他人，这条底线无论何时都不能越过。

少炫耀，情绪分享要适当

杨帆是一个优秀的学生，在学习上总是名列前茅，也有很多爱好和特长，比如钢琴、篮球、编程等。他的父母和老师都为他骄傲并欣赏他，他的同学和朋友也都很佩服和喜欢他。

杨帆很享受这种被称赞和关注的感觉，觉得自己很幸运，也很自信。他喜欢在社交媒体上分享自己的成就和快乐，比如考了满分的试卷、弹了一首优美的曲子、打了一场精彩的比赛、写了一个有趣的程序等。他认为这样可以让更多的人知道自己的优秀，也可以给别人带来正能量和启发。

然而，他没有意识到，他的这种行为也给一些人带来了压力和不快。比如他的同桌张晓，是一个平凡的学生，成绩一般，也没有什么特别的爱好和特长，父母和老师对他的期望很高，同学和朋友对他的关注很少。他每天都在努力学习和生活，但是总是感觉不够好，不快乐。

张晓很羡慕杨帆，觉得杨帆是一个完美的人，有着一切他想要的东西。他也想和杨帆做朋友，向他学习。但是，每当看到杨帆在社交媒体上发的内容，他就觉得自己更加渺小和无能，就觉得杨帆是在嘲笑他，以此判断杨帆是一个自私和虚伪的人。他对杨帆的佩服和喜欢慢慢变成了嫉妒和厌恶。

有一天，杨帆又在社交媒体上发了一张参加数学竞赛获得一等奖的证书的照片，还配上一句"又一次证明了自己的实力，感谢父母和老师的支持，感谢同学和朋友的祝福，希望大家都能和我一样快乐"的文字。张晓看到后，他忍不住发一条评论："你真是太自恋，太自以为是了，你以为你是谁啊，你以为你比别人都强吗？你以为你的快乐就是别人的快乐吗？你根本不关心别人的感受，只在乎自己的表现，你只是一个自私自利的炫耀狂！"

杨帆看到张晓的评论，很惊讶，也生气，面对无端的攻击和诋毁，他觉得张晓是一个无理取闹、妒忌心重，并不懂得欣赏和尊重他人的人。他回复了张晓："你真是太无知和无礼了，你以为你是谁啊，你以为你有资格评价我吗？你以为你的感受就是别人的感受吗？你根本不了解我，你只在乎自己的情绪，你只是一个自卑自怨的失败者！"

就这样，杨帆和张晓的争吵在社交媒体上越闹越大，言语越来越激烈，他们的关系越来越紧张。他们的父母和老师发现这件事后，都很担心和失望，想从中劝说和调解，但都无能为力。

这是一个悲哀的故事，也是一个常见的故事。在这个故事中，杨帆和张晓都有自己的问题和错误，他们都需要改变和成长。杨帆需要少一点炫耀，情绪分享要适当。他需要意识到：他的成就和快乐并不是别人的成就和快乐，他的分享并不一定能给别人带来正能量和启发，而他的炫耀可能会给别人带来压力。他需要学会谦虚和低调，需要学会关心和体谅别人。

分享个人情绪要适当，如果不掌握好分享情绪的分寸，可能会给自己和他人带来一些负面的影响，比如炫耀、攀比、压力、不满、冲突等。那么，如何才能把握好分享情绪的分寸呢？这里有两点建议：

1.先问问自己

分享情绪之前，先问问自己：为什么要分享？分享的目的是什么？分享的内容是什么？分享的对象是谁？分享的方式是什么？这些问题可以帮助我们明确自己的动机和意图，避免盲目和随意地分享情绪，也可以帮助我们避免不必要的误解和冲突。例如，如果我们想分享自己的成就和快乐，可以问问自己，是想得到别人的赞扬和羡慕，还是想给别人带来鼓励和启发？是想分享给所有的人，还是只想分享给一些亲近的人？是用夸张和炫耀的语言，还是用谦虚和低调的语言？这些问题可以帮助我们调整自己的心态和语气，避免过度炫耀，也可以帮助我们考虑他人的感受，避免伤害他人。

2.合理适度

分享情绪时，要注意合理适度，不要过多或过少，不要过高或过低。分享情绪的目的是表达自己，而不是为了掩盖自己；是为了增进和谐和信任，而不是为了制造矛盾和隔阂，更不是为了获得利益；是为了沟通和交流，而不是宣泄和攻击，更不是为了取悦和迎合。因此，我们要根据自己的真实情绪，合理地选择分享的内容，适当地调整分享的表达方式，积极地接受分享后的建议，这样才能达到分享情绪的最佳效果。

总之，少炫耀。如何把握好分享情绪的分寸，是一门艺术，也是一种智慧，需要我们有一定的技巧和情商，同时也需要有一定的修养和品格，才能做到既能表达自己，又能关心他人；既能愉悦自己，又能尊重他人。

迫不得已抱怨时，一定要掌握好分寸

社会上，总有一些人喜欢抱怨，抱怨老板、抱怨同事、抱怨朋友、抱怨家人，似乎只要和他有关的人或事他都会抱怨不止。他们每天都会在阴郁的心情中度过，完全不知道这些抱怨不仅会伤害他人，也会伤害自己。而有了这样的情绪习惯后，不免要一直在抱怨的阴霾下生活，心灵永远不会得到安宁。

李娜是一位中学的女教师，工作上很勤奋，受到领导的赞赏，家庭也相当幸福，可以说生活一帆风顺。但是，她却一直忧心忡忡，是什么原因呢？原来，她对自己的容貌很不满意，觉得自己哪儿都不好看，为此她决定去做整容手术，换一张面孔。

其实，她的容貌并没有什么缺陷，只是她对自己太苛刻了。整形医师看出她的心理问题，便只是对她的面部做了一些微调。

李娜心中很不满意，一边照着镜子，一边对整形医师抱怨说："你好像没怎么改变我的面容。"整形医师回答道："你的面部只要微调一下就行了，问题的根源是你对自己的相貌有些误解。你把它视为一副面具，用来隐藏你的真实情绪。"

整形医师一语中的，李娜低下头，伤心地说："其实，我已经很尽力了！"

整形医师同情地看着她，李娜静了一会儿，最后吐露了自己的心事：她每天在学校，都像戴着面具，想展现出自己最好的一面，只保留自己觉得"合适"的那部分。可是现实中，学生们却总是嘲弄她。

整形医师说："学生们为何要笑话你，那是因为他们识破了你的'假象'。作为一名教师，你没必要总是表现得无懈可击，有时也可以表现得笨拙一点，孩子们仍然会敬重你。人皆有错，每个人都有自己的不足，摘下你的面具，展示出你的真性情，你才会爱自己。"

走出医院后，李娜的心情轻松多了。从那以后，她不再为自己的面容烦恼，以真实的自己去工作和生活，生活反而更美好了，抱怨自然也就消失了。

我们本应享受明朗的天空，但是抱怨的乌云却让很多人失去万里晴空。对那些爱抱怨的人，人们总是敬而远之。抱怨就像被烫破一个洞的气球，会让自己失去前进的动力。抱怨不但让我们丧失对生活的信心，还会在我们的心上笼罩一层阴霾。

艾森豪威尔是美国声望最高的总统之一，他年轻时的一天，在晚餐后和家人一起玩扑克游戏。那天他的运气非常差，连续拿了几次很烂的牌后，他开始抱怨起来。

这时，艾森豪威尔的母亲严厉地对艾森豪威尔说："如果你想玩，就必须用自己手里的牌继续玩下去，不论那些牌是好是坏。任何形式的抱怨，对你而言都没有任何意义。另外，抱怨还会增强你的负面情绪，干扰你的思绪，把手中本来就很糟糕的牌打得更糟糕，丝毫没有翻盘的机会。"

艾森豪威尔陷入沉思。这时，母亲又说："其实人生也是这样，发到你手中的牌不可能让你重新选择，你必须接受它们，你唯一能做的就是全力以赴打好手中的牌。停止抱怨，才会有好的结果。"

艾森豪威尔听了母亲的一番话后如梦初醒。从那以后，他一直把母亲的话当作是自己的人生信条。在以后的日子里，他不再抱怨，总是能够以阳光乐观的心态去面对生命中的每一次考验，并竭尽全力去完成每一件事情。

人生就像是牌局，你拿到手中的牌不可能总是好牌。但是，无论手握什么样的牌，都要全力求胜，尽可能玩好，抱怨没有任何用处。牌好不好是你的运气，在手握一手烂牌的情况下，能兴致勃勃地玩儿，结果还能赢，则是你能力的体现。我们平时做事也一样，成事在天，但是前提是你必须谋划好。无论做什么，满怀热情，全力以赴，你才能做到最好。

总之，心态决定人的一生，在面对困境时，不要急着去抱怨，而要想着如何去改变，即使改变不了外界的大环境，也可以自我改变。只要怀着积极乐观的心态，就能远离抱怨，就能幸福地工作和生活。当然，我们是普通人，遇事有时难免想不开，不可能绝对做到不抱怨。适时的抱怨，并非是坏事，而是宣泄压力的一种形式，也利于我们调整情绪。然而，当我们迫不得已做出一些抱怨时，一定要把握好分寸。

1.选对时机很重要

首先，对方不是你的心理治疗师，没有责任听你发牢骚。即使是适合倾诉的朋友，也要选好时机，别一生气就打电话向对方吐槽，还一说就是1个小时，甚至更长时间，好像别人都没有自己的事情一样。记住，每个人都有忙碌的时候，就算很闲也不意味着要听你的抱怨。倒苦水前，先问问对方有没有时间，能否听你说些不开心的事。若在忙就不要打扰，这是最基本的礼貌。

2.给对方"喘息的空间"

如果对方有空听你抱怨，除了表示感激之外，还要注意给对方一些"喘息的空间"，不要像机关枪一样不停地发泄，这样的行为只会让你更加消极，也会让对方承受过多的压力，甚至会让对方也变得郁闷。如果你想找到解决问题的办法，需要听取对方的意见和建议，假如你一直说个不停，对方就没有机会说话，更没有时间思考问题，只能被迫一直听你的抱怨。这样的方式并不会起到良好的效果。

3.注意抱怨的时长

在抱怨的时候，要注意选择合适的时机和语气，还要控制好抱怨的时长，因为对方在听你诉说不快乐的事情时不会像听音乐一样享受，时间长了会让对方厌烦，甚至想让你赶快闭嘴。所以，在抱怨之前，要考虑一下如何让对方更容易理解你的心情。另外，也不要太啰嗦，直接说出最重要的问题，这样对方才会更有耐心听你说。

要知道，别人也有自己要忙的事，你一直说个没完没了，为了一些在对方看来可能是小事的事情就抱怨几个小时，下次你再想找对方倾诉，对方可能会担心你又要说个没完没了，就不愿意听你倾诉了。

4.别强迫对方认同

抱怨的原因，一定是遇到了什么让自己难受的事，想要把心里的不快说出来，找朋友抱怨，一方面是想要释放自己的情绪，另一方面是希望得到支持，希望对方能够理解自己，安慰自己。但是事情都有两面性，当自己向对方抱怨的时候，对方可能会和自己有不一样的看法，这个时候，不应该觉得朋友不帮你，更不应该强迫对方同意自己的观点。好像他们不这么做你就会更不高兴。

希望对方能够理解自己的感受，这是很正常的心理。但有时候对方可能从一个客观的角度来看待事情，给出的意见也会比较公正，你不应该责怪他们，而应该倾听他们的建议，然后反思一下自己是不是有什么不对的地方。

5.控制自己的情绪

抱怨的时候，要注意控制自己的情绪。因为在抱怨的过程中，很容易会情绪化，毕竟你是在说一件让你不开心的事，难免会有些情绪，但是要记住，不要把这些情绪发泄到倾听者身上，对方听你说，是为了让你内心得到安慰，并没有承受你抱怨的义务。

控制冲动，让自己回归理性

冲动是最具破坏性的情绪，它不听从逻辑和理性的控制，迫使动作发生。我们常说的情绪管理包括了情绪的感受、情绪的理解和情绪的调整。其中情绪的调整最重要的内容就是对冲动情绪的控制。

1965年9月7日，世界台球大赛在美国纽约如期举行，选手刘易斯·福克斯一开始就占据了压倒性的优势，只差几分就能夺得冠军。就在这个决定胜负的关键时刻，刘易斯·福克斯发现主球上停了一只苍蝇，他用球杆轻轻地把它赶走，可是正当他准备再次击球的时候，那只苍蝇又飞回来了，他只好再次中断击球动作，赶走那只苍蝇。苍蝇在他挥动球杆的动作下飞走了。当他再准备击球的时候，苍蝇又飞回来了。刘易斯·福克斯觉得，这只苍蝇好像在故意找他的麻烦，他非常生气，挥动球杆赶走苍蝇的力度比之前大了很多。这下苍蝇终于没有再来打扰他了，但是他的心情却受到很大的影响。当他击球的时候，没有击中目标，他错过一次宝贵的得分机会。

刘易斯·福克斯因为一只苍蝇而心乱如麻，在比赛中屡屡出错，而他的对手则越战越勇，以极快的速度追上了他，最后夺得冠军。第二天一早，人们惊讶地在附近的一条河里发现了刘易斯·福克斯的尸体，他竟然意外地自杀了！

一只微不足道的苍蝇竟然能让世界冠军败下阵来！刘易斯·福克斯因为情绪失控和一只苍蝇对着干，输掉了比赛，也输掉了自己的一生，这是多么可笑而又可悲的事情！如果刘易斯·福克斯能冷静控制自己，不理会讨厌的苍蝇，专注地击球，不因此而分心，不气急败坏，更不会在关键时刻做无意义的动作，或许他的故事会有不同的结局。

心理学家莱恩认为，冲动控制就是不做那些只能带来短暂快乐而可能导致长远的坏影响的事情。要想做到不冲动行事，必须在冲动之前，在脑子里想象一下这样做会带来什么后果，因此，冲动控制包括认识到最初的行为倾向、预测行动带来的负面结果，以及控制行为倾向。心理学家巴昂则认为：冲动控制包括能够忍受自己的攻击性冲动，控制侵害、敌意和不负责任的行为。缺乏冲动控制能力则表现在不能承受挫折、行事冒失、不能控制愤怒、说话无礼、脾气暴躁、做出异常行为等方面。

一个容易冲动的人，往往为了满足自己的心理需求，会做出一些违背社会道德或对自己有害的冲动行为，结果会伤害自己或他人。那么，应该怎样控制自己的冲动行为呢？

1.当察觉到自己情绪的变化时，做出积极的调整

学会接受负面情绪是自我管理的一个重要环节。所谓接受就是不去责怪自己的情绪，不去否认自己有感受和表达这种情绪的权利。但是接受不意味着认同，我们要做到让负面情绪有一个合适的发泄方式，这样才能有效地控制冲动。因为如果情绪一直压抑不发，就无法让周围的人了解你的感受和想法，就可能错过一些你期望的机会或结果，而且还可能因为负面情绪的长期积压而影响身体健康，因此适当地表达情绪也是减少或避免冲动的一个方法。很多人之所以会做出冲动的行为，就是因为不懂得在适当的时候、适当的地方，对适当的人用适当的方式表达自己内心的不满。

2.想办法平复自己的情绪

历史上有很多教训告诉我们，冲动的时候往往理智在降低。这时做事情往往会出现愚蠢的选择和行为。《孙子兵法》中"怒而挠之"，说的就是利用敌人的愤怒让对方犯错从而取得胜利。所以当我们的情绪处于冲动状态时，应该按照以下的三步来处理：

（1）暂停：当感觉到冲动要做出某种行为时，我们先不要马上做出反应，而是要平静下来，问自己：发生了什么事？我有什么感受？其他人的感受是什么？我想要什么样的结果？

（2）思考：想一想导致冲突的原因是什么？最好的解决冲突的方法是

什么？

（3）行动：根据自己理智思考，然后做出决定，最后付诸行动。

3.培养自己良好的内在修养与平和的处世态度

有良好修养的人，都会自觉地约束自己；有平和处世态度的人，都会比较宽宏大量、温和理性。

4.学会一些控制冲动的技能和办法

不要因为下意识的冲动而做出一些只能带来短暂快感的无益行为，要学会分析和改变这些行为的原因。可以用一些方法来控制自己，比如自言自语、转移注意力、推迟反应等。当你感觉到自己的情绪很激动，快要失去控制时，可以用一些话语来提醒自己，比如"不要成为冲动的受害者"等；或者去做一些简单有趣的事情；或者去一个安静舒适的地方；事缓则圆，也可以强制自己多等一会儿再做出反应。这些方法都很有用。

善战者不怒，管好你的暴脾气

"善战者不怒。"这是《道德经》中的一句名言。可以用于军事方面，也可以用来劝告世人，无论是打仗还是做人，都要学会控制怒气。的确，生活中有很多让人恼火的人和事，但"匹夫之怒，以头抢地尔"，发怒不仅不能有效地解决问题，反而会让简单的事情变得复杂，让情况越来越坏。生活中有很多错误、很多悲剧多是因为一时冲动造成的：因为冲动，说了不应该说的话；因为冲动，做了不应该做的事；因为冲动，惹了不应该惹的人；也因为冲动，让很多本来很有前途的人毁了自己的一生。

拿破仑在19世纪初纵横欧洲，无人能敌，但是也引发了很多反抗。1809年1月，拿破仑在西班牙时，中欧出现了新的战事，拿破仑让内伊和苏尔特留在西班牙指挥军队，自己则回到法国。当时，塔里兰是法国的外交大臣，暗中策划了一场叛乱。拿破仑一到巴黎，就知道了塔里兰的阴谋。于是，拿破仑召开紧急会议，让所有大臣都来参加，包括塔里兰。

拿破仑虽然知道塔里兰的背叛，但是没有证据，所以既生气又拿他没办法。会议上，拿破仑暗示塔里兰的阴谋，但塔里兰却不动声色。拿破仑的情绪很激动，无法掩饰自己的怒火，他走到塔里兰面前说："有些大臣想要害我，希望我早死！"面对这样的局面，塔里兰仍然镇定自若，眼神只有一丝疑惑。这时，拿破仑忍不住了，对塔里兰大喊："我给你最高的荣誉，给你财富，你却反叛我！你这样忘恩负义，还有人性吗？我觉得你跟穿着丝袜的狗一样！"说完，拿破仑转身就走，大臣们都惊讶地看着他。

拿破仑在大臣面前从未如此失态过。塔里兰却依然很冷静，他慢慢地站了起来说："今天这么有风度的人竟然这么粗暴，我很吃惊，大家也一定很惊讶吧！"后来，塔里兰说："这是他的衰落之始。"拿破仑骂塔里兰的事很快传遍了人们的耳朵。正如塔里兰所说的那样，从那以后，拿破仑的威望大幅减弱了，他的政治生涯走向了低谷。

拿破仑难以抑制自己愤怒的时候，就是他失败的开端。其实对于任何人都一样，当你的内心被魔鬼占据，迷失了心性，还谈什么成功？可见无论在任何场合，做任何事情，都应该冷静、沉着，把握好分寸。只知道发泄自己的怒火，就是用别人的错误惩罚自己。不会愤怒的人是庸人，而只会愤怒的人是蠢人，只有能够控制自己的情绪、做到尽量不发怒的人，才是聪明人。

理查德·卡尔森是美国的应激反应研究专家，他告诉我们：生活中有很多不公平和不如意的事，我们不能指望一切都按照我们的想法去发展。当我们遭遇困难或挫折时，要保持冷静，要设身处地地想一想，不要被消极的情绪所左右。只有这样，才能维持一个健康的心态，不让负面的情绪影响我们的处境。如此才能赢得更多的尊重和支持。

"我知道发怒对自己没好处，也想过改正，可是一碰到不顺心的事就忍不住，真是'性情难改，习性难除'！"这是很多人的心声。其实，性格的塑造不只受遗传的作用，更取决于后天的环境、生活习惯、个人修为。调节情绪并不是一件难事，关键在于你是否真的想要改变自己。

有人向一位禅师诉苦："我生来脾气火暴，经常惹人不快，该怎么改变呢？"

禅师说："你生下来就带了这么奇怪的东西吗？你的火暴脾气在哪里呢？赶紧拿出来，我帮你看看。"

"我没有带着它来，但是，每次遇到不顺的事，它就会冒出来。"

"这样看来，暴躁并不是你的本性，它只是偶然出现的。如果你能在那时候，控制自己，不让它发作，你就不会暴躁了。"

这个故事告诉我们，调整自己是最关键的。当然，"调整自己"也不是随口说说。心理学家建议，通常要摆脱暴躁的问题，应该从以下几个方面入手：

1.提高自己的语言表达能力

很多脾气差的人也常常有"以行为代替言语"的表现，他们喜欢用行为而不是用语言来传达自己的观点。因此，他们需要增强自己的语言表达能力，以便在适当的时候用描述性的语言来表达自己的不满，而不是用暴躁的方式。

2.及时远离令人愤怒的人或事

脾气不好的人往往内心有很多纠结和矛盾，一旦遇到令他们不舒服的人或事，他们的愤怒就会爆发。为了防止这样的情绪发生，最好的办法就是在感觉到心里不舒服时及时撤退，所谓眼不见心不烦。一般来说，及时离开了让自己发怒的环境，注意力就会被分散，内心自然会逐渐平和起来。

3.将心比心，试着为他人着想

脾气不好的人通常不会换位思考，所以可以在心情好的时候，和朋友做一个"角色互换"的游戏，让对方扮演发怒的一方，自己亲自感受一下其中的滋味。所谓"己所不欲，勿施于人"，相信每一个做过这样的游戏的人，都会在今后的生活中多加小心，逐步改掉暴躁的脾气。

4.利用意象想象化解愤怒

"意象想象"就是在大脑中形成一种情境，我们可以利用这种心中的情境来控制愤怒。比如，当我们发怒的时候，深吸一口气，然后闭上眼睛，想象以前发生过的开心的事情，这样的话就可以有效地改善自己的情绪，使情绪恢复到平和的状态。

不嫉妒，别让心态失去平衡

嫉妒是一种很常见的心理现象。人与人之间存在着竞争，竞争会导致胜负的结果。而每个人都想在竞争中赢，在比较中占上风，所以当看到别人超过自己或者别人有超过自己的可能时，就会有嫉妒心理。嫉妒主要表现为沮丧、羞辱、有压力、充满怨恨，对被嫉妒者排挤、冷酷、贬低，甚至敌对，最终伤人害己。

有一个人非常嫉妒他的邻居，每次听到邻居家的笑声，他就非常不开心；邻居家的生活越过越好，他的心情却越来越沮丧，越来越糟糕。在这种不正常的情绪的"支配"下，他天天盼着邻居家发生什么倒霉的事情：上班的时候迟到，没人在家的时候水管爆裂，得一场大病，甚至恶意地希望邻居家6岁的小孩子夭折……

然而，邻居一家每天都生活得非常幸福，并且见面的时候友好地和他打招呼。如此一来，他的嫉妒心就更加强烈了，有时候甚至想往邻居家扔个炸弹，把邻居全家都炸死，但是又怕警察抓住自己，丢掉自己的性命。就这样，这个人每天都生活在嫉妒中，精神上受着折磨，以至于吃不下什么东西，日渐消瘦。他总想着毁掉邻居家快乐的氛围，不然的话心中就像压了一块大石头，憋得浑身难受。

有一天，他终于下定了决心，跑到花店买了一个花圈，趁着夜深人静的时候，悄悄地放在邻居的家门口。正当他要走的时候，突然听到邻居家哭泣的声音，而这家的男主人也正好在这个时候出来了，他躲闪不及，心中惊恐不安。没想到，男主人没有骂他，反而向他道了谢。原来男主人的父亲刚刚过世了，他立刻觉得很无聊，转身默默地走了。

例子中的主人公因为嫉妒而看不惯邻居家表现出的幸福状态，导致心理失衡，以至于让自己一直遭受折磨。但是最后的结果，他不仅没有从嫉妒心中享受快感，反而更加失落了。

容易产生嫉妒心理的人，总是喜欢拿别人身上的优点来折磨自己。看着别人生活得幸福美满，他嫉妒；看着别人比他年轻，他嫉妒；看着别人风度翩翩，他嫉妒；看着别人的妻子漂亮，他嫉妒；看着别人有才华，他嫉妒……有一句外国俗语，很能概括出这种人的心境：善妒的人会因为邻居身体发福而越发憔悴。

拥有健康心态的人，在这方面就做得很好。对于别人的优点，可以欣赏，可以学习借鉴，但不会让欣赏变成嫉妒，因为他明白，每一个人都有自己的优点和缺点，没有十全十美的人，也没有一无是处的人。遇到比自己优秀的人，要认识到这是常态，"天外有天，人外有人""强中自有强中手"，敢于面对自己的不足，真诚地夸奖比自己优秀的人。

在《三国演义》中，徐庶是一个大度的人，他知道诸葛亮才高八斗，并没有嫉妒，反而在离开刘备的时候，极力向刘备举荐诸葛亮。这样的行为，不仅让诸葛亮实现了自己的政治抱负，还为自己赢得了好声誉。

刘备送别徐庶之后，心中悲痛，久久不忍离去，还让手下伐去面前遮住自己视线的树木。正悲痛的时候，忽然看见徐庶驱马而返。

刘备大喜过望："元直（徐庶字元直）复回，莫非无去意乎？"遂欣然拍马向前迎问曰："先生此回，必有主意。"庶勒马谓玄德曰："某因心绪如麻，忘却一语：此间有一奇士，只在襄阳城外二十里隆中。使君何不求之？"玄德曰："敢烦元直为备请来相见。"庶曰："此人不可屈致，使君可亲往求之。若得此人，无异周得吕望、汉得张良也。"玄德曰："此人比先生才德何如？"庶曰："以某比之，譬犹驽马并麒麟、寒鸦配鸾凤耳。此人每尝自比管仲、乐毅；以吾观之，管、乐殆不及此人。此人有经天纬地之才，盖天下一人也！"玄德喜曰："愿闻此人姓名。"庶曰："此人乃琅琊阳都人，复姓诸葛，名亮，字孔明，乃汉司隶校尉诸葛丰之后。其父名珪，字子贡，为泰山郡丞，早卒；亮从其叔玄。玄与荆州刘景升有旧，因往依之，遂家于襄阳。后玄卒，亮与弟诸葛均躬耕于南阳。尝好为《梁父吟》。所居之地有一冈，名卧龙冈，因自号为'卧龙先生'。此人乃绝代奇才，使君急宜枉驾见之。若此人肯相辅佐，何愁天下不定乎！"

玄德曰："昔水镜先生曾为备言：'伏龙、凤雏，两人得一，可安天下。'今所云莫非即'伏龙、凤雏'乎？"庶曰："凤雏乃襄阳庞统也。伏龙正是诸葛孔明。"玄德踊跃曰："今日方知伏龙、凤雏之语。何期大贤只在目前！非先生言，备有眼如盲也！"

徐庶在拿自己与诸葛亮相比时，居然用"譬犹驽马并麒麟、寒鸦配鸾凤耳"这样的话，语气里都是敬佩和肯定，一点也没有嫉妒的意味。这也是徐庶的难得之处，他不只有才华，更有气度。

我们要学习徐庶的做法，不嫉妒别人的才干，认清自己的不足。只有这样，才能够进步，得到别人的尊重。而且，如果心胸够宽广，承认别人的优点，我们在做事的时候，心态也会更加平和。

总之，当发现别人比自己优秀时，不要嫉妒，要自我检讨，找出自己为何没有做好的原因。如果因为不够勤奋，就要加倍提高自己；如果在某方面确实难以追上，就要宽容一些，不要计较太多，用平和的心态去对待，把精力投入到自己擅长的领域。

戒掉浮躁，不被杂念所干扰

在竞争白热化的社会里，每个人都难免会遇到各种各样的困扰，一旦无法释放，心情就会变得浮躁。浮躁，可以说是当今社会的一种"顽疾"。生活中，你是不是经常感到力不从心？经常觉得周围太喧嚣？经常被杂乱无章的思绪干扰心境或是无法专心地做事情？……其实，不是这个世界太嘈杂，而是你的心不平静。快节奏的生活、难以忍受的噪音、人群中的吵闹……都让我们本来平静的心跟着乱了起来。一旦陷入浮躁，我们就会离成功越来越远。心浮气躁不仅不能解决问题，反而会让人失去方向。

王娟名牌大学毕业，她在各个方面都表现出色，自带一种天生的骄傲。进入工作岗位后，她充满信心，想要有所作为。可是，上班后才发现，每天要做的基本都是一些杂事。既不用展示太多的能力，也没有什么显著的成绩。不久，王娟就产生了烦躁的情绪，而且还经常觉得很累。

有一次，公司开会，王娟所在部门的员工在公司熬夜加班制作文件。由于她是新人，所以只让她负责装订和封套的工作。经理反复嘱咐："一定要把所有工作做好，别到时候慌乱失措。"可是，在她的观念中，这样简单的工作，有什么难的呢？因此，经理的一再嘱咐，让她觉得毫无意义。

同事们把文件交给王娟后，她态度散漫地开始了自己的装订工作。可是才订了几份，订书机的钉就用完了。她有点不耐烦地拉开订书钉的纸盒，发现里面已经空空如也。她立刻清醒了许多，赶紧到处找，不知道为什么，平时随处可见的小东西，现在竟然一个都找不到。她抬头一看，现在已经是凌晨1点30分了，而文件必须在早上8点会议开始前就送到代表手中。

王娟赶紧把这件事告诉经理。经理马上气愤地说道："不是让你做好准备吗？这点小事都不认真，真不知道你们大学生现在除了会浮躁，还会什么吗？"她当时感到非常惭愧。这一刻，她才意识到自己心中的浮躁情绪是多么糟糕。没有别的办法，她只能完成自己的工作。她走了很多的街道小巷，终于在凌晨5点的时候，她找到了一家24小时营业的便利店，买到了订书钉。最后，她终于在8点开会之前，把文件送到了代表手中。

事后，她战战兢兢地等着经理责备她，但没想到的是，经理只对她说了一句："有时让一个人感到精疲力尽的不是工作，而是浮躁的心。"

浮躁是一种有害的心理。有一位社会学家这样说道："浮躁的心态是不可取的，它贪图速成，一旦所期望的东西不能达成，便会让人烦躁、苦恼。"在一生中，有很多焦虑都是由于我们内心浮躁而导致的：在学业上，由于不知道倾听内心的声音，结果盲从别人选择了别人眼中最有前途和潜力的专业；在工作上，由于不能静下心来做好眼前的工作，失去了最好的升职机会；在爱情上，常由于仓促而忽视了内心的声音，结果错过了最适合的那个人……我们总害怕自己落后于人，总害怕被时代淘汰，总害怕再等一会儿会失去机会，所以我们一直浮躁地生活。殊不知，浮躁的心态才是最可怕的，会导致我们陷入焦虑之中，无法自拔。

一个生活很颓废的年轻人，觉得人生没有意义，认为自己虽然有一身"武艺"却没有施展的空间，因为单位领导从未给过他展示"武艺"的机会，他感到生活非常压抑，无趣和浮躁不安时刻折磨着他的内心，使他无法专心工作。于是他来到一座寺庙，见到一位高僧，失落地对他说："人生不尽如人意，活着也是苟且，有什么意义呢？"

高僧平静地听完了年轻人的抱怨和叹息，便对身边的小和尚吩咐道："施主千里迢迢而来，煮一壶温水送过来。"不一会儿，小和尚送来一壶温水，高僧将茶叶放进杯子中，然后用温水沏茶，最后将茶水摆在桌子上，笑着请年轻人喝茶。杯子散出淡淡的水汽，茶叶静静地在水面上漂着。年轻人疑惑地问道："师父泡茶为什么用温水？"

高僧不发一言，只是微笑。年轻人便端起茶杯细尝，喝完后不禁皱眉："这茶怎么一点香气都没有呢？"高僧道："这怎么可能，这可是闽南的名茶铁观音啊！"年轻人又品了一口，然后断定："真的没有一丝茶香。"

高僧又吩咐小和尚道："再去煮一壶开水送来。"不一会儿，小和尚就拎着一壶热气腾腾的开水走进来。高僧站起身，又拿过一个茶杯，放入茶叶，倒入开水，然后将茶水摆在茶几上。年轻人低头一看，茶叶在杯子里翻滚，一缕缕清香弥漫四周。

年轻人想去拿杯子，高僧伸手拦住，又举起水壶倒入一些开水。茶叶翻滚得更厉害了，一股股浓郁醉人的茶香扑鼻，在禅房中散开来，高僧如此倒了五次开水，杯子才算满了。那碧绿的一杯茶汤，拿在手上温暖心田，闻起来香气扑鼻，喝下去清爽甘甜。

高僧笑着问道："施主可明白，同样是铁观音，为何茶味却不同吗？"年轻人沉思着说："一杯用凉水，一杯用开水，泡茶的水有别。"

高僧点头道："温水泡茶，茶叶浮在水面，哪能散发出清香？开水泡茶，多次反复，茶叶在起起落落中释放出四季的味道：既有春的清幽和夏的热烈，又有秋的丰富和冬的冷峻。人间千千万万，又何尝不是起落中的茶叶呢？那些不历风雨的人，就像温水泡的茶叶，只在生活表层飘荡，根本散发不出生命的芬芳，而那些历经风霜的人，如被开水冲泡的浓茶，在积年累月中几经起落，才会散发出清香啊！所以摆脱失意最好的方法就是脚踏实地地提升自己，而且不要焦躁。开水泡茶还须数次将开水倒入，否则茶香也一样不足。"

年轻人恍然大悟：人生如茶，命运岂不就是一壶温水或开水？茶叶因为起落才散发了自身深藏的清香，而生命也只有经历几番波折和艰难，然后脚踏实地，才能释放出人生的一丝丝幽香。

在日后的生活中，年轻人戒骄戒躁，脚踏实地，明白了每件事都有一个沉淀的过程。而在这个沉淀的过程中，就看你能否忍得住寂寞。过了一段时间，他因为工作成绩突出，受到单位领导的赏识，职位也得到了升迁。

现实常常如此，你越着急，就越难成功。因为着急会让你失去冷静的判断，导致你在奋斗的过程中，让浮躁阻碍了你的思路，使你不能正确地制定计划、策略，从而稳健前进。所以，我们只有正确地了解自己，才不会让自己盲目地追求一些超出自己能力范围的目标，而是脚踏实地地去做自己力所能及的事情。

现代社会，快节奏的生活容易让人心态失衡。如果浮躁冒进、贪图名利，不能以平和从容的心态去生活、工作，那么就会把自己折腾得精疲力尽，最后一无所成。只有消除浮躁，保持淡泊，沉着冷静，才能泰然自若、稳健前行。

那些追求成功的人，应该铭记：可以着急，但万万不可浮躁。成功之路，道阻且长，只有稳步前行才能坚持到底，赢得成功。如果一开始就浮躁，那么，你顶多只能走到一半的路程。

因此，一个人只有克服了浮躁，才能忍受成功路上的苦，才会有足够的毅力一步一个脚印地向前走，最后到达成功的殿堂。只有自己戒掉浮躁情绪，才不会因为形形色色的诱惑而迷失方向。

消除虚荣，不要打肿脸充胖子

虚荣心是对名声、地位、面子等的一种过度的追求，是道德、良善在心理上的一种扭曲反映，是一种有害的心理动机。其本质是自私主义的情感投射。心理学认为，虚荣心是自尊心的过度表现，是为了获得赞誉和引发广泛关注而表现出来的一种非常态的社会情感。

受虚荣心支配的人，只会追逐外在的光鲜，往往不顾现实情况去争取虚假的荣誉。有人说虚荣心是一种变形的自尊心。"死要面子""打肿脸充胖子"，就是对虚荣心的形象描述。

有的人因为虚荣而错过机会，有的人因为虚荣而受尽折磨。过分追求虚荣，不是自己为自己添彩，而是自己给自己找麻烦。在虚荣心的影响下，人往往只关注表象，而不考虑实际的情况，最后受到伤害的只能是自己。所以，虚荣心是不能有的，应当把它消除掉。

做人应该踏实，一步一个脚印，不能为了一时的快乐，贪恋虚荣。只有坚持自重与自爱，才不会在外界的影响下忘记自己的初衷。

其实，一个人的欲望应该与自己的实际状况相适应；否则，在条件不允许的情况下，为了满足所谓的自尊心就会滋生虚荣心。因此，有的人说虚荣心是一种扭曲的自尊心，也是有一些道理的。

沉溺于虚荣的查理夫妇总是渴望一种高高在上、不可一世的生活方式。这天，夫妇二人去参加一个名流聚会。闲聊中，话题谈到莫扎特。"一个无与伦比的音乐奇才！天赋异禀，无人能敌！"有人简洁地赞叹道。

参与这种对名流品头论足的谈论是查理夫人一直以来的愿望。于是，她抓住机会却又装作不经意地说道："哦，莫扎特，我完全赞同您的看法，我敬佩他这个人，也许你们难以置信，今天一早我还在21路车站和他说了几句话，他正要去音乐厅参加一场演出，上车前他还客气地向我告别，真是一个非常有礼貌的人。"

查理夫人的话刚说完，周围立刻变得鸦雀无声，大家都鄙视地看着她。查理感到自己受到了极大的羞辱，他走到查理夫人身边，带着怒气地低声说道："我们马上走！赶紧穿上你的外套，我们要赶紧离开这里！"

开车回家的路上，查理一句话也不说。

"查理，你是不是不高兴了？"查理夫人打破沉默。

"哦，是吗？你终于发现了？"查理用讽刺的语气说，"你今天让我丢尽面子！你见过莫扎特坐21路车去音乐厅吗？你这个自作聪明的笨蛋！谁都知道21路车根本就不经过音乐厅！"

有时，人们为了自己可悲的虚荣心，通过夸耀、炫富、卖弄等不适当的方式来获得赞誉与地位，但结果往往事与愿违。

沉迷于虚荣的人往往是徒有其表的浮华之人。法国哲学家柏格森说："一切罪恶都源于虚荣心，都不过是满足虚荣心的手段。"他的话虽然不一定全对，但至少反映了相当一部分生活的现实。过分追求虚荣给人造成的困扰和痛苦是人们有目共睹的，所以我们一定不要做虚荣的奴隶。那么，该如何理性地消除虚荣心呢？

1.树立正确的人生观

一个人的价值在哪里，不取决于他的自我感受，而取决于他行为的社会意义。一个人只要确立了正确的人生观，拥有了宏大的人生目标，就不会被一般的荣誉、地位和一时的虚荣所困扰，而是会为更高的价值而努力奉献自己。

2.克服自私心理和自我表现欲

虚荣的人只在乎自己的面子和荣誉，不太关心别人的感受和看法。他们有很强的自我表现欲，总是想要抓住任何能让自己出风头的机会。他们好胜心强，不顾一切，这反映了他们的个人主义和自私心态。因此，要想战胜虚荣心，就要战胜自私心态和表现欲。

3.不攀比心理

横向地和他人进行对比，心理永远无法得到平衡。这样会使虚荣心日益增强。如果一定要比，就拿现在的自己与过去的自己相比较，看看自己各方面是否有所进步。

4.正确对待舆论

我们身处社会这个庞大的集体之内，难免会受到他人的品头论足。但对于舆论，要增强鉴别真伪的能力。对于正确的应当吸收，对于不正确的要进行纠正或分析判断，决不能随波逐流，被舆论摆布。

5.学习优秀的社会榜样

从名人故事、名人格言中，从日常生活中，挑选那些实干不虚荣、奋发有为的先进人物、英雄模范、社会精英、学术权威等作为自己的榜样，努力提升自己的人格，做一个求真务实、不骄傲自满的人。

第四章　言之有道
口无遮拦并非率真而是愚蠢

人与人之间要有分寸，

尤其说话更是得有分寸。

若没有分寸，

就会有冲突和是非，

闹得不欢而散。

故而，在与人沟通时，

我们要管好自己的嘴。

有的话不宜说得太明显，

有的话不可说得太尖刻，

有的话点到为止。

总之，说话要懂分寸，

否则祸从口出，

会给自己带来诸多麻烦。

说话有分寸，一定要把握好度

现实生活中，很多人都有过被别人的无心之语刺伤的经历。同样，很多人也有过说话不注意分寸、让自己的无心之语刺伤别人的经历。这是一种常见的现象，信息发出者（说话者）的心理比较平静，但传出的信息被对方（倾听者）接收后却引起了对方的心理失衡，从而导致态度行为的变化。

张爽是一个性格大大咧咧的人，心直口快，非常幽默，不管遇到什么人、什么事，都是乐呵呵的，是一个十足的"乐天派"。因为乐观开朗的个性，张爽在亲戚朋友中的口碑非常好。但是因为他的性格过于直爽，在日常生活中也常常得罪人。

例如去年同学聚会，张爽不知道是哪里来的兴致，竟开起了一个非常腼腆的女同学的玩笑，无意指出了女同学生理上的一个小缺陷。

在场的同学都知道张爽的性格，知道这是他的无心之语，然而"说者无意，听者有心"，张爽的话一出口，那个女同学的脸"噌"一下就红了。女同学是一个性格比较平和的女孩，对张爽当众开的玩笑并未反驳，但心中却非常不满，从此就与张爽有了芥蒂。

从那以后，同学聚会，只要张爽参加，就不会出现那个女同学的影子。

张爽知道原因以后，对此懊恼不已，只因自己的一个玩笑，就失去了一位好朋友，真是不值！

张爽的一句无心之语，竟然招致了女同学的记恨，这就是"瀑布心理效应"在起作用。可见，如果我们想在社交场合中成为一个受欢迎的人，就必须时刻提醒自己不要犯无心伤人的错误。做人做事要谨言慎行，说话要有分寸，不能不顾及对方的感受。

　　与人相处，说话一定要讲究分寸。话太少不行，现代社会中的人大多属于社交型。那些少言寡语的人，会被大家看成是不合群、不善交往的一类人。久而久之，就会被大家所孤立、难以跟别人亲近。不过，话多了也不行，容易让别人反感，而且也容易让别人误解，甚至认为你是一个轻浮、不稳重的人，还容易落下个"乌鸦嘴"的坏名声。因此，在现实的社交生活中，一定要注意尊重别人，把握说话的分寸，否则就会令人际关系恶化，最终让自己举步维艰。那么，我们该怎么把握好说话的分寸呢？

1.要注意随时关注对方的反应

　　与人交谈时，一定要时刻关注对方的反应，看对方是赞成还是不以为然，以便随时调整你的说法。如果发觉对方神情不屑，不愿意多听，那你就应该想办法果断地结束话题；如果发觉对方一副乐于接受的表情，那你就可以单刀直入，不再绕圈子；如果发觉对方一副怀疑的表情，那你就应该多作解释；如果发觉对方有想要插话的意思，那你就应该立即把话语权让给对方，请他发表意见。而对于对方的回答，你要特别留神，注意其说话的语气。

　　比如，同样一个简单的"哦"字，就有几种不同的表示："哦，"是表示知道了；"哦？"是表示疑问；"哦！"则表示惊讶。再如，对方说"好的，以后再谈吧"，这是在拖延，表示对方不肯接受；"好的，就这么办吧"，这是肯定，表示对方完全接受；"好的，我替你留意"，这是保守的回复，表示对方没有把握；"好的，我替你想办法"，这是肯负责任的意思；"好的，等我研究研究再说"，这表示原则上可以同意，而具体办法还需要进一步讨论；"好的，你听我回信"，则意味着对方愿意帮忙。

　　你可以通过细细体味对方的回答，以此来判断此次交谈是否成功。不过要注意，那些老于世故的人，往往不肯给予直接的表达，这很容易使你误解他的真实意思，需要仔细辨别。

2.表态时要注意分寸

　　与人交谈，免不了要对对方的话进行表态。这时你也要注意分寸，以免因此而失信于人。你认为可以办到的事情，可以回他"我去试试，不过成不成功我不敢保证"；你觉得他说得对的，那就回"很好"或"不错"；你认为不对的，那就回"这个问题很难说，毕竟各有各的说法"；你觉得你无法办到的，那就回他"这件事太困难了，我恐怕很难办到"。

总之，表态时不要说得太肯定。太肯定的回答，最容易造成不欢而散的后果。任何时候都要给自己留些回旋的余地。如果遇到临时不能决定的事，你可以说"等我考虑考虑，然后再给你答复"；或者说"等我和那边的人商量之后，再由他们给你答复吧"。前者是接受与不接受各占一半，后者则多数是婉言拒绝。如果你如此回答了，对方却还唠叨不止，而你又不愿意再听下去了，那你也有几个方法可以应付：或者趁他说话的间歇，换一个新的话题，谈谈别的事情；或者直接就说"好的，今天就谈到这里吧"，然后立刻起身，说声"对不起，再见。"他自然就会终止谈话。

3.对不同个性的人，说话方式不同

由于每个人的个性不同，每个人喜欢的沟通方式也会有所不同。这时只有针对他的个性，有针对性地说话，才能与对方交谈愉快。如果对方喜欢研究学问，那你说的话也应该有些深度才行；如果对方喜欢含蓄婉转，那你说话就不能太过直接；如果对方性格豪爽，那你说话也不要拐弯抹角……如果你的说话方式与对方个性相符，那自然能一拍即合。

4.对不同交情的人，说话方式不同

光了解对方的个性还不够，说话的时候还要参照彼此的交情，如果交情还没有达到相当的程度，那么你的说话方式，虽然可能符合对方的个性，也可能犯下"交浅而言深"的错误，令人讨厌。

小齐是个性格直爽的人，他的领导也不失为一个性格直爽的人。有一次为了公司给同事的待遇过分刻薄，小齐自告奋勇地去向领导提出加薪的请求。

他一见领导，便开始慷慨陈词："经理，您现在给他们的待遇，不但不合理、不合情，简直快逼他们走上绝路了。这样做对公司真的有好处吗？对你的前途会有帮助吗？"

小齐自以为理直气壮，自以为和领导够得上"有话直说"的交情，谁知领导听了却很不高兴，不但没有采纳他的建议，反而反唇相讥，认为这是整个的社会问题，应该由政府来解决，他一个人是无力改善的，结果小齐自讨没趣退下了。

　　很显然，这不是话不投机，而是小齐错估了和领导的交情。对不同交情的人，说话方式也应不同。大家应该多多注意，如果是"死党"，互相认识很多年，彼此都熟悉，那大可随意一些；如果是工作关系、同事关系，在正式场合，一定要记得管住自己的嘴，说话之前认真想一想。

三思而后言，看清谈话对象再说话

《红楼梦》里的王熙凤，上有三层公婆，中有叔嫂妯娌、兄弟姐妹和姨娘婢妾，下有一群管家奴仆丫头，每天要跟各种各样的人打交道，却还是能牢牢地坐着贾府当家人的位子，把上下都打点得井井有条。一个年龄20上下的女孩子，能够做到这一点，很大一部分原因就是因为她长着一颗灵巧的心和一张善言的嘴。

林黛玉的母亲去世后，进京投奔外祖母，她初登荣国府的那一回，也是王熙凤的第一次出场。未见其人，先闻其笑，又闻其声："我来迟了，不曾迎接远客。"没见到人，就能透过言语让人感受到一股子热情。

进门之后，王熙凤连忙拉过黛玉的手，仔细地打量了一番，又送至贾母身边坐下，说道："天底下竟有这样标致的人物，我今儿算见了！况且这通身的气派，竟不像老祖宗的外孙女儿，竟是个嫡亲孙女儿，怨不得老祖宗天天口头心头一时不忘。只可怜我这妹妹这样命苦，怎么姑妈偏就去世了！"

这番话，先是夸了黛玉的美，又借机说出了贾母对黛玉的疼惜之情，顺带还夸了贾家"三春"漂亮，把外孙女和嫡亲孙女联系在一起。说完之后，还不忘表达自己对姑妈去世之事的悲痛心情，既让贾母悲中含喜，又让黛玉情动于衷，可谓是把话说到了极致。

正当贾母嗔怪王熙凤勾起她的伤心事时，她马上话锋一转，说道："正是呢！我一见了妹妹，一心都在她身上了，又是喜欢，又是伤心，竟忘了老祖宗，该打，该打！"一番话接得恰到好处，惹得众人都笑了。

随后，旁边的王夫人又提到拿什么料子给黛玉做衣裳的事。王熙凤连忙接应："我早就预备好了。"也许，她根本就没准备什么衣料，却能随机应变，而王夫人也信了。

邢夫人想要贾母身边的丫鬟鸳鸯（给贾赦当妾），便来找儿媳王熙凤商议，说贾赦想讨鸳鸯做妾。王熙凤一听，便说道："别去碰这个钉子。老太太离了鸳鸯，饭也吃不成了，何况说老爷放着身子不保养，官儿不好生做。明放着不中用，反招出没意思来，太太别恼，我是不敢去的。"

王熙凤自觉得此事不妥，可邢夫人毕竟是她婆婆，看着邢夫人冷笑不解，王熙凤就知道是自己刚刚的那番话惹得她不高兴了。她察言观色的功夫没得挑，赶紧赔笑道："我才活了多大，知道什么轻重，想来父母跟前，别说一个丫头，就是那么大的活宝贝，不给老爷给谁。"邢夫人听后，又欢喜起来。

本是同一件事，王熙凤却说了一正一反两番话，竟然也都挑不出毛病来。可见，她是一个深谙人情世故的人，知道看场合、看人说话。就算是说话惹了对方，也能巧妙地挽回。

倘若把王熙凤这番识人说话的本事用在现实生活中，了解不同的人的心理特点、脾气秉性、说话习惯等，自然也会成为一个灵活变通的人。要做到这一点，开口之前，就要认清说话对象，根据你与对方关系的远近亲疏，三思而后言。具体的方法是：

1.初与人相遇不要急于开口

对于初见的陌生人，要做到这点并不容易。所以，初次见面不要急于开口，可以先让对方说话，从言谈中了解一下对方的秉性。

如果对方说话很直白，不会拐弯抹角，此人多半是个直爽的人，跟他交往就要坦诚相待；如果对方说话慢条斯理，温文尔雅，此人多半是个谦逊有礼的人，跟他讲话也要注意方式，不能太过随意；如果对方看上去情绪低落，不太爱讲话，那么你最好就不要再多问多说。如果不注意这些，就可能会无意间得罪对方。

2.熟人要视对方的情况而定

午休时间，办公室里的几个女同事凑到一起闲聊起来。一位女同事提及，要向主任申请调岗，理由是她怀孕了。听闻这个消息，大伙儿来了兴致，你一言我一语地说起了怀孕生育之事，又说起日后的家教问题。

陈小姐暂时未婚，却早已跟男友商量好以后做"丁克"。听同事说起家教的"难"，她更是坚定了做"丁克"的决心，说："现在，养个孩子太贵了，物价那么高，教育费那么贵……要是孩子听话还好，万一再不听话，天天气我，我还不得委屈死呀？况且，我们这一代当房奴都快当不起了，到了下一代，生个女儿还好，可以嫁出去，若生了一个儿子，还得给他准备房子，未来的儿媳妇怎么样，还不知道呢！我觉得，要个孩子真是负担……"

正当她说得振振有词，略带得意地说自己要当"丁克"时，周围的同事都不说话了，再看那位怀孕的同事，面无表情。陈小姐顿时就知道自己说错话了，可是话已经说出去了，怎么收回来呢？她只好一脸尴尬地说："这只是个人意见哈！"然后，悻悻地转身去做事了。

"良言一句三冬暖，恶语伤人六月寒。"当着孕妇说养孩子没好处，提倡做"丁克"，无疑是在给别人泼冷水，扫别人的兴。就算是关系再熟，听到这样冷冰冰的风凉话，必然也会觉得很不舒服。

另外，需要注意的是，谈话时，不要忽略对方的年龄层。

跟孩子讲话时，不要用命令和教训的口吻，要学会像朋友一样平等地尊重对方。特别是处于叛逆期的孩子，你越是与他谈大道理，指责他的错误，他越是觉得你不理解他。相反，你让他们明白，你是尊重他的想法的，只是给予一些参考性的建议，他们反而更容易接纳你，信任你。

跟年轻的女性聊天时，美容、衣服、化妆品之类的话题，最容易打开她们的话匣子；与中年女士聊天，家庭和生活，尤其是孩子，肯定是她们感兴趣的内容。和青年男士谈话，谈谈理想，憧憬一下美好的未来，能鼓舞人心，让人觉得很有信心；和中年男士谈话，工作、房子、车子、时政都是不错的话题。对于事业有成的人，多谈谈他们骄人的成绩、奋斗的经历；和事业无为的人，多谈谈修身养性，聊聊平平淡淡的生活。

跟年老的人说话时，一定要保持谦虚和尊重的态度。老年人接受的新知识虽然比年轻人少，可他们的生活经验是很丰富的，几十年的风雨路，总结出了许多经验教训。所以在与他们谈话时，一定要谦逊、虚心。另外，老人都不喜欢别人说自己年事已高，说话的时候，一定不要直接谈及他们的年龄，应当多谈及阅历才是。

总之，懂得说话分寸的人，说话时一定会看对象。只有从对象的不同特点出发，说适合的话，才能创造一个融洽、和谐的沟通氛围，才能拥有"和什么人都聊得来"的好人缘。

话不要说死，给自己留点儿余地

在《韩非子·难一》中，有一则"自相矛盾"的故事，想必多数人对此都有印象。

一个卖矛又卖盾的楚国人，夸耀自己的盾说："我的盾很坚固，不管用什么东西都无法刺破它。"接着，他又夸耀自己的矛说："我的矛很锐利，不管什么东西都能刺破。"有人问他："如果用你的矛刺你的盾，会怎么样？"他哑口无言，不知如何作答。

有时候，把话说得太绝对了，没留一点余地，往往会下不了台。这就好比吹气球，吹到一定程度就得停下来，给它留一点空间，如若不管不顾地往里面吹气，肯定会爆。不同的是，气球爆了还能再换一个，话说到了"头儿"，就很难挽回了。

懂得说话分寸的人，在说话之时，一定会给自己留点儿余地。

艾拉辞职了，离开了她工作了5年的会计师事务所。走的时候，她心里有太多的不舍，可是不走的话，她实在不知道如何面对自己的新上司林菲。

她跟林菲是同年来到事务所的，先后只差了一个星期。在业务方面，她们不相上下，能力都很强。只是，艾拉的性格有点火暴，林菲相对温婉一些。

不久前，艾拉和林菲因为工作上的事发生了争执。她平日里就是那种风风火火的性格，争执起来自然不会示弱，林菲对她的态度也不满，两人越吵越凶。到最后，艾拉气不过，说了气话："从今以后，你走你的阳关道，我过我的独木桥，我们老死不相往来！"

说这番话时她并没有多想，心想着反正日后谁也犯不着谁，无所谓的事。可没想到的是，3个月之后，事务所开始评级，林菲竟然成了她的上司。

林菲虽然在工作上不服软，可私下里还算是个明事理的人，并没有因为吵架的事怀恨在心。可艾拉却觉得别扭，每次作报告的时候，都不敢直视林菲的眼睛，觉得实在煎熬。无奈之下，她只好选择辞职。

说话不假思索，不为日后考虑，往往就会把自己逼到这样的尴尬境地中。倘若当初没有把话说得那么绝，此时跟对方真诚地沟通一下，把疙瘩解开，也许还有缓和的余地。要知道，凡事都可能有意外，我们永远都不知道下一刻会发生什么事，这就像是在一条通道里行走，把后面的路都堵死了，等走到了尽头发现是绝境，想再回头时，后悔也来不及了。

花开半朵，酒醉微醺，这样的感觉是最舒服、最美好的。花开得太过，就离凋零不远了；酒醉得太厉害，就变成了闹剧。说话也是一样，话到嘴边留一半，不要出口就下定论，于人于己都有好处。

一位推销袜子的业务员，为了证明自己所卖的袜子质量好，便在街头给大家做演示。她随手拿起一只袜子，并找到一位围观者，说："来，帮帮忙，拿住袜子的一端，使劲儿拉。"说完，两人就对拉起来，众人都看见了，袜子的韧性确实不错。然后，她又拿起一根针，在绷直的袜子上来回划动，袜子竟也没有破，她说："看，怎么划都行，不抽丝。"接着，她又拿起打火机，快速地在袜子下面晃动，火苗穿过袜子，袜子也没有被烧着。

她边做边说，这一幕，让在场的很多人都惊讶了。顾客们相互传看着袜子，有一位顾客为了验证一下袜子的质量，也故意地拿起针，没想到刚一划袜子就破了。原来，顺着袜子的纹理划，才不容易划破，并不是怎么划都可以。另一位顾客要拿打火机烧，业务员见此，连忙阻止，说："袜子并不是烧不着，我只是证明它的透气性好。"其实，袜子的质量确实不错，可她刚刚的一番言辞，还是让顾客觉得充满了夸张和欺骗。

几天后，同样是在这条街上，另一个女孩也在销售这款袜子。周围有人问："这袜子结实吗？"她回答得很巧妙："袜子不可能穿不破，就是钢丝球还有磨损的时候呢！您说是不是？我只能说，这款袜子相比其他的袜子来说，韧性大，不容易抽丝。"说完，她也和之前那位业务员一样，用针在袜子上划，用打火机在袜子底下晃动，只是做这一切的时候，她都配合着解释："这样烧，可不是告诉大家这袜子烧不坏，而是让您看看它的透气性。"

听她这么一说，原本有些爱挑剌的顾客，竟也挑不出什么毛病了。大家相互传看，买袜子的人也越来越多，一是觉得这袜子质量不错，二是觉得这卖袜子的姑娘也挺实在。

说话的分寸，直接影响着听者的情绪。把话说得太满了，一点儿退路都没有，往往会给爱挑剌的人留下可乘之机。在电视和网络媒体上，我们时常会看到名人在面对记者的采访时，往往都喜欢说一些"模棱两可"的话，譬如"也许""大概""考虑"等不确定的字眼。这样说的目的，就是为了留一点儿空间，容纳"意外"的出现。否则，一下子把话说死，万一日后出现点人力不可抗的事件，如何来自圆其说呢？

在说话做事时，一定要谨记留点余地，必要的时候也得学一些"外交辞令"。

别人请求你帮忙时，不要直接说"我保证"，要说"我试试看""尽量"；上司交给你一项棘手的工作时，不要信誓旦旦地说"没问题，肯定完成"，要说"我会全力以赴"。

不确定的词语，通常可以降低人们的期望值。你若没做到，他们会因为对你的期望不高而谅解。况且，其间看到了你的种种努力，也不会将你的辛苦全部抹杀。你若能出色地完成任务，他们会喜出望外，这种意外的喜悦会给你带来很多意想不到的好处。

说话不留余地，就等于不留退路。有时把话讲得太满，付出的代价是难以承受的。与其跟自己较劲儿，倒不如多用和缓、委婉的方式来说话，在适度和完美之间，找到一个平衡。

说话忌太密，言多容易祸从口出

古人有云："言多必失，祸从口出。"这句话，几乎所有人都曾听过，遗憾的是，不是每个人都能把这句话听进心里。不然的话，就不会有那么人总在滔滔不绝地讲话，毫无忌讳，该说的、不该说的，统统当成茶余饭后的谈资，言语间暴露了诸多问题也不知道，惹来了麻烦还不知何故。

芊芊和安安是同乡，3年前，两个人一起进入现在的公司做人事专员。两个人原本关系就很好，后来在同一公司同一部门工作，两人的姐妹情也只增不减。安安的工作能力略强，在处理人际关系方面也比较出色，后经过领导层的商议，决定晋升安安为人事部经理。

升职后的安安，成了芊芊的直属上司。芊芊倒也不错，在工作上全力支持自己的朋友，偶尔还会帮安安一起带带部门里的新人。只是，过去只是安安和芊芊单独相处，说话的时候没那么多忌讳，可现在安安毕竟是公司的中层管理人员，又是人事部的经理，自然要在下属面前树立一点威严。芊芊大大咧咧的，根本没意识到这一点，好几次在说话时遭了白眼。

在芊芊心里，安安永远是安安，是自己的朋友。当着新同事的面，她毫无忌讳地跟安安大谈特谈过去："还记得吗？咱们第一次去办社保，你不知道在哪儿，竟然跑错了地方，急得都快哭了。""还有那次，你给公司的陈姐办生育津贴，结果给人家弄错了。"要么就是直截了当地评论安安的衣装打扮："你这套衣服什么时候买的呀？我怎么没见你穿过？说实话，这颜色不是很好看……"

最初几次，安安都容忍了，见芊芊没有收敛，她便在社交平台上跟芊芊发了脾气："你能不能少说两句呀？有些事你我知道就行了，有必要拿出来给大家当笑料吗？咱们是朋友，可你多少给我留点面子行不行？你让我在新同事面前怎么做人？拜托你说话之前，先在脑子里过一遍，别什么话都拿出来说。"

相处这么久，芊芊还没见安安发这么大的脾气，说过这样的话。她回复了一句"知道了"，可心里却特别不是滋味，自己只是习惯了这样说话，没想到竟然惹得安安生这么大的气。冷静下来之后，仔细想想，她又觉得自己在办公室里确实有点"多嘴"了。

真正明事理、会说话的人，就算与朋友相处，也不会什么话都说，更别说在职场里了。职场是工作的地方，你的一举一动，周围人都看着，很多话说者无心，听者有意。就算与上司私交不错，可说的话太多了，泄露私密的事情多了，甚至把上司过去的糗事拿来讲，无疑是犯了大忌。大度的上司或许会像安安这样，能够容忍你，提醒你；遇到小气一点的人，也许你们从此就断了情意，形同陌路。就因为多说了话，造成这样的结果，实在得不偿失。

言多必失，说得一点都没错。有时，说的话多了，会不小心触碰到别人的底线；更糟糕的是，一不小心说得多了，还会被人利用，后悔都来不及。

苏晴是一家外贸公司的业务主管。在一次同行交流会上，她认识了另一家公司的业务赵女士。两个人聊得很投缘，谈的话题也越来越宽泛，大有相见恨晚之意。苏晴把赵女士当成了自己的知己，离开交流会之后，她们还相约去了商场。逛得累了，赵女士又爽快地请苏晴喝了一杯咖啡。之后，她们又见过几次面，俨然成了好友。

两个月后，苏晴打算将公司新的业务计划投入实际运作，不料却被客户告知，已经有其他公司在做了，他们与对方已经签了合同。这个计划，只有老板和业务主管苏晴知道，公司里其他同事全然不知，谁泄露的呢？

苏晴这才想起，是自己在跟赵女士喝咖啡时，不小心提到过公司的计划。她怎么也没想到，笑起来亲和温婉的赵女士会在背后利用自己？当然，让她更自责的是，实在不应该轻信别人，什么话都说，要是当初嘴巴严实点儿，少说两句，也就不会遇到这种事情了。现在，她要付出的代价是罚俸降职，永不重用。这些委屈，她又该向谁说去呢？

"逢人只说三分话，未可全抛一片心。"此话听起来不那么温暖顺耳，却是不得不重视的问题。这"三分话"指的是，风花雪月，柴米油盐，天上地下，山海奇观等无关乎现实的事，说得兴味淋漓，皆大欢喜，就已经很好了。完全可以避免"交浅言深"的麻烦。有些重要的话，特别是关于隐私、商业机密的事情，一定要把好口风。别忘了，祸从口出，往往就是说话之前没在脑子里多绕几个弯子，才不小心说漏了嘴。

与人相处，尤其是兴味正浓或话语投机时，千万要记得把好口舌关。该说的说，不该说的就藏在自己心里，不要觉得别人在倾诉知心话时，自己不说得多一点就是欠别人一份人情。人际关系往往不是单一的，给自己留余地，话不说尽，于人于己都有好处。这才是正确的交友之道，也是每一个人必修的功课。

给锥心刺耳的批评裹上一层"糖衣"

过去的岁月里，我们常听人道："良药苦口利于病，忠言逆耳利于行。"可生活的经验告诉我们，没有人喜欢难以下咽的苦涩味道，也没有人喜欢听锥心刺耳的批评和指责，纵然知道那是对自己有益的，可心理上还是免不了会有一种排斥感和厌恶感。

办公室里，刘燕正和同事谈论上次会议要求大家解决的问题，这时，她的手机响了。一看是老板办公室的电话，刘燕赶忙接通说："老板——"

"刘燕，抓紧时间到我办公室来一趟！"还没来得及回复，老板啪地一声挂了电话。如此形势，刘燕吓得不知如何是好，于是她急急忙忙地跑到了老板的办公室。

"刘燕，你是老员工了，有些话我也不想说得太难听。你自己看看，这段时间以来你到底干啥了，这个月的业绩怎么如此差劲！你瞧瞧其他同事，这个月都做得不错，就连新来的范丽也比你强！我给你如此高的待遇，是让你干什么的，你不知道吗……"刘燕还没来得及开口，老板就是一番连珠炮似的语言轰炸，还顺手把一沓厚厚的报表扔到刘燕面前。

"老板，您别急，我可以解释清楚。"刘燕本想趁机把工作中的问题与老板沟通一下。

"这有什么好解释的，业绩摆在这里，数据就是最好的证明，我现在什么都不想听，你先回去吧，想想你自己到底应该怎么做。我再给你一次机会，要是下个月你的业绩还不能上来，那你的年终奖就不发了。回去吧，我还有很多事情要处理。"老板不耐烦地摆手，示意欲言又止的刘燕出去。

刘燕眼里含着泪委屈地离开了老板的办公室，刚才的一幕让她非常心痛，老板说的话像刺一样扎在自己的心里。顿时，刘燕感到极为委屈。由于被老板分派到新市场，客户量不多，销售额自然不能与成熟市场相比。范丽虽说是新员工，但一进公司就被安排到原有的老市场，客户源稳定充足，客户关系网坚固牢靠，销售额自然高一些。刘燕心里觉得老板只看数字，不问事实，心里很委屈，工作情绪也不高了。

老板的批评方式简单直白，完全没有技巧可言。姑且不言刘燕业绩下滑是由哪种原因引起，老板劈头盖脸一通批评，刘燕很委屈，心理上很难接受，也对她后续工作的开展毫无益处。

批评是一剂苦药，谁都不愿意品尝，但如果能给苦涩的批评裹上一层甜甜的"糖衣"，药物的疗效不减，味道却可以变得柔和，容易下咽。所以，懂得说话分寸的人，通常不会直接提出刺耳的批评，他们会给批评的话上抹点"糖"，让"硬接触"变成"软着陆"。失去了表面上的锋芒，效果却一样，而听的人也会觉得舒服许多。

张萌进入公司不到两年，就坐上了部门经理的位置。尽管能力出众，可依然有个别的下属对她心有不服，尤其是比她资历老的孙洁。

自从张萌做了部门经理之后，孙洁总是有意无意地迟到。按照公司的规定，迟到半小时就按照旷工一天计算，要扣一半的工资。可孙洁抓住了制度的"漏洞"，每次不多不少就只迟到29分钟，根本没法按照公司的规定处罚。

张萌心知肚明是怎么回事，也知道必须要想办法提醒孙洁，否则的话，每个下属都这么做，部门就没法管理了。可她也明白，孙洁对她有意见，要是就这么直截了当地批评她，只会让矛盾越来越深。

周五，趁着中午吃饭时间，张萌特意叫上孙洁一起吃饭。在轻松的氛围下，她很随意地问道："最近看你总是来得比较晚，是不是家里有什么事呀？"

孙洁说："没有啊！堵车这个事谁也控制不了，再说我也没有违反公司的规定呀！"

张萌听出了一丝敌意，连忙解释道："我没有别的意思，你不要多心。我记得，你家住在少年宫附近吧？"

"是啊！"孙洁有点疑惑地看着张萌，不知道她想说什么。

"我家离少年宫也不远，咱们是一个方向。干脆这样，今天下班我开车带你，顺便熟悉一下你在哪儿坐车。以后呢，我每天早上就可以开车带你一起过来，挺方便的。"

孙洁没想到，张萌热情地请自己吃饭，还提议让自己搭她的顺风车，心里有些过意不去。她喃喃地说："不用了……真的，你是经理，这么做不太合适。"

"瞧你说的，我们是同事啊，这又不是什么大事，帮忙也是应该的。"张萌的话让孙洁觉得脸上发烫，自己虽然常与她唱反调，可人家不仅没往心里去，还能这么不计前嫌，实在让她觉得自己过去有些狭隘了。

那天下班时，孙洁谢绝了张萌开车带她的好意，她心里自然也明白了对方的用意。自那之后，孙洁尽量准时上下班，而她跟张萌的关系也缓和了许多，不再像从前那样针锋相对了。

人非圣贤，都难免会犯错，这是再正常不过的事。若紧紧揪着对方的错不放，摆出一副咄咄逼人的架势，不仅会让对方尴尬，还可能招惹怨恨。换种方式，用一颗宽容的心先给予包容，用巧妙而温和的语言让对方意识到自己的错误，远比得理不饶人、对他人的错误穷追猛打的做法要高明得多。

请别心直口快，给他人留足面子

懂得说话心理学的人心里最清楚，无心的话语给他人带来的伤害往往是无法估量的，特别是在某些特别的场合中，更要给他人留足面子，顾及他人的感受。

慕容是一位优秀的业务能手，平时为人真诚，身边有不少的朋友，他的客户也觉得这个人很爽快，愿意与他交往。可是就在一次公司组织的户外活动中，他却因为一时的心直口快而遭到同事们的厌恶。从此，那个亲切能干的慕容也从大家的印象中消失了。

事情的过程是这样的：在一次户外的拓展训练中，有一项团队协作游戏的比赛，慕容受到推举，成为了游戏的裁判者。虽然说只是一个游戏，但是任何人也不愿意拖团队的后腿，大家都很努力地完成着自己的任务。A组里有个叫李丽的女孩，身体素质不是特别好，没跑几步就已经是气喘吁吁了。其他的同事都在给她呐喊助威，她也努力地将比赛坚持到最后，虽然她们组因为她而输掉了比赛，但是大家还是给了她热烈的掌声。

裁判慕容做最后总结的时候对大家说："今天的比赛非常好，充分显示出了我们大家的团结，不过我说李丽，你平时就该注意一下运动了，你看你现在胖的那样儿，平时就知道往嘴里塞东西吃，一个女孩子，那么胖像什么样子啊！今天，你们组都是因为你才输掉了比赛。"话音刚落，就见李丽的脸刷地一下红了，她险些哭了出来。于是大家都对慕容说："你就别说了，她已经很努力地完成了比赛了，只不过是一个游戏嘛，只要参与了就好。"

慕容摆出一副不以为然的样子说："怎么了？她本来就胖啊，难道还不让说啊，谁让她平时就知道吃。"大家都沉默了，不是因为慕容的话，而是在想慕容怎么会是这样的人，一点儿也不顾及李丽的感受和自尊。

懂得说话心理学的人告诫我们，心直口快的人不但容易伤害到他人，而且容易成为被人利用的对象，因为这类人一般都具有"正义倾向"的性格，容易被别人鼓动他去揭发某些不合理的事情或者去攻击某人的不公。这样的人一般会成为别人鼓动下的牺牲品，甚至成为他人的棋子。

有一次，在从纽约飞往巴黎的飞机上，乘务人员告诉大家："由于机场拥挤腾不出地方，飞机暂时无法降落，着陆时间将要推迟一小时，给大家带来不便，请各位原谅！"

乘务员的话还没有说完，机舱就发出了一片骚动和抱怨声，有的乘客无奈之下做好了推后一小时降落的思想准备。

可出乎意料的是，没过几分钟，乘务人员就告诉大家："本班飞机的晚点时间将缩短到半小时。"

听了乘务员的话，乘客如释重负地松了口气，因为等半个小时总比等一个小时要好多了，有的乘客心情也变得好了很多。

没过几分钟，正当乘客还沉浸在刚才的消息中时，广播又在宣布："最多再过5分钟，本机就可以安全着陆。"

一听到这个消息，乘客们个个喜出望外，拍手称快，原来的那种抱怨声一点都没有了。

飞机推迟降落，本是航空公司的责任，给乘客带来了不便，乘客有权投诉，但是经过乘务人员先后提出的推迟一个小时、半个小时、几分钟……让乘客的抱怨逐渐降低，到最后甚至消除了乘客的抱怨。其实，即使只是推迟了5分钟，也是推迟了。如果乘务员一开始就告诉人们飞机要推迟5分钟降落的话，可能5分钟后人们下飞机的时候会是满腔"怨言"。但是乘务员巧妙地利用了人们"留面子"的心理，把原本可能出现的"怨言"变成了"个个喜出望外，拍手称快"。

其实，在读这个故事的时候，我们的心情也会随着乘客的心情起伏波动，开始听到要推迟一个小时，心情特别沮丧；再听到可以"缩短到半个小时"后，有一种如释重负的感觉；最后知道只要5分钟就可以安全着陆之后，简直有一种欣喜若狂的感觉。这就是神奇的"留面子"心理在起作用，我们每个人都有这样的心理。

在人际交往的过程中，"留面子"在生活中被广泛地应用于"求人办事"或者"想得到对方的支持"等方面，如果我们想向别人借100元的话，可以先向对方借1000元，1000元的目标达不到，100元的小目标则很可能会达成。可见，在人际交往的过程中，如果我们能巧妙地利用人们心里的"留面子效应"，就能轻松获得别人的帮助和支持。

需要注意的是，我们在与人交流时，应该注意从对人、对事方面着手。

1.对人方面

尽管有些时候，你直言指出他人处世的不当或者纠正他人性格上的弱点，可能是出于善意，但是，对于一些心胸狭隘的人来说，他会认为你这是在和他过意不去，故意找茬。因此，尽量不要随着自己的性子去直言他人的痛处。即便要讲出来，也不要大张旗鼓，否则只会伤人伤己。

2.对事方面

在面对某件事情的时候，你在批评其中的缺漏的时候可能是抱着"对事不对人"的态度，但是你不要忘记，事情也是人做出来的。因此，你在批评"事"的同时，也就等于批评了做这件事的人，自然也就会给自己惹来麻烦。除非你权高位尊，否则你尽量还是改变一下自己快言快语的习惯吧！

在和人交谈时，切忌把谈话当成一种竞赛，一定要分出个胜负。常为某些细节喋喋不休，或纠正他人的错误借以炫耀自己，这样做只会让你给人留下不好的印象。所以，为了与他人更好地沟通，这种谈话方式必须舍弃，用随性、不具侵略性的沟通语言，才能使别人更容易接受你，而不至于对你产生排斥感。

闲谈莫论他人是非

闲谈是一件轻松的事情，是提高生活情趣的一种方式，不该有所顾忌，否则就违背了闲谈的目的。然而，生活中，闲谈说他人是非的人并非少数，有一句话叫作"谁人背后无人说，谁人背后不说人"，这话虽然说得有些绝对，却也说明了一个道理，那就是大多数人会在背后谈论别人，只是所说的是好话还是坏话，就无从考证了。不过有一点，经常在背后谈论他人是非的人，肯定不会是受欢迎的人。因为凡是有点儿头脑的人，都会自然而然地这么想："这次你在我面前说别人的是非，下次你就有可能在别人面前说我的坏话。"这样一来，你给别人的印象就不可能好到哪里去。

陈平与李燕是一对非常要好的朋友。一天，她们应邀参加另一个朋友的生日聚会。在宴会大厅里，陈平遇到了一个小学同学，于是热情地上前打招呼，二人很快就聊了起来。谈话过程中，陈平的小学同学提到了李燕，说："我和李燕也是同学，她那个人实在不怎么样，不知道她现在在做什么，不过肯定不会有好的发展，像她那么自私的人，谁会与她交朋友！"听到这里，陈平说："不要在别人背后说三道四，这样是不礼貌的，更何况李燕并非像你所说的那样，她为人很正直，我们已是多年的好朋友了。"说罢转身离开了。小学同学自觉没趣，再也没有与陈平联系。

闲谈是考验一个人品德高尚与否的重要标准之一。一个人如果在闲谈中，总是捕风捉影、搬弄是非，说明这个人不怎么样。所以，在与人相处时，一定要注意不要因闲谈用语不当，而损害自身形象。要把好口风，别给自己找麻烦。

莉莉是一个从不在背后说别人坏话的聪明人，她的两个朋友因为一件小事闹得互相之间很不愉快，两个人虽然平时见面还都装着一副无所谓的样子，然而一旦分开，就会对别人说对方的不好，将对方的"坏"处添油加醋地讲出来。

身为朋友，莉莉成了她们双方发泄对对方不满的重要人物。莉莉知道她们之间的一切，所以当甲对莉莉说乙的坏话时，莉莉尽可能地保持沉默，在适当的时候加进一两句劝导的话，不对乙做任何评论；当乙对莉莉说甲的坏话时，莉莉也同样不对甲做任何评论，同样在适当的时候对乙劝导几句。同时莉莉还做到一点：所有的话，无论是甲说的还是乙说的，都让它们到这里打住，再不外传。

一段时间过后，当甲、乙二人都冷静下来时，回想起在莉莉面前所说的那些话，她们自己都觉得不好意思。由于莉莉处理得当，她们之间的矛盾没有进一步激化，好朋友终究还是好朋友，后来甲、乙二人都对莉莉感激不尽，并对莉莉更加尊重，甚至愿意将所有的心里话对莉莉倾诉。

当你当着对方把不在场的另一个人说得一无是处的时候，你自己的形象在对方的心目中也同样已经一无是处了。"闲谈莫论人非"，要想成为一个受欢迎的人，就要多说别人的好话，而不是背后说别人的坏话。所谓"病从口入，祸从口出"，其中的道理人人知晓。

曾有人将舌头比作一把锋利的剑，杀人于无形中，这个比喻一点也不夸张。一句不负责任的话，很可能造成一场人间悲剧。与人闲谈时，一定要注意自己的言行，别让闲谈害了他人，伤了自己。

玩笑是调味品，交谈时要掌握好用量

开玩笑是我们在与他人交谈的过程中，经常使用的方式之一，就像菜肴的调味品，可以让味道更加丰富。玩笑开得适当，不仅可以调节气氛、减轻疲劳，还可以缩短与交谈者的距离。会在恰当的时机开玩笑，是聊天高手的特长，能起到意想不到的效果。然而，一切皆有度。交谈过程中，开玩笑也一定要掌握好度。过头的玩笑不能开，否则会过犹不及。

一天夜晚，在外出差的李先生刚回到宾馆，便接到好友的电话，两人聊了一会儿，好友便说："你爱人下午不慎掉进窨井，已经被我送进医院，她现在状态良好，身体并无大碍，你就安心在外地出差吧。"

王先生听到后，连夜向家赶。回到家里一看，妻子安然无恙，才知道自己被骗了。立马打电话质问自己的好友。好友非但没有感到事态的严重性，反而哈哈一笑，说："昨天是愚人节，所以我才故意那样说，你何必当真呢？"

好友的话让李先生更加生气，从此不再与对方往来。显然，好友的玩笑开过头了，造成的后果也相当严重。

要好的朋友，相互取乐，说话不受约束，是朋友之间友谊至深的表现，这是人生的一件快乐的事情。不过，任何事情都具有两面性，因玩笑过头而导致朋友不欢而散的事时常发生。实际上，善意的谎言和捉弄，能让生活变得更加轻松愉快，但一定要掌握火候。而李先生好友拿李先生亲人的人身安全开玩笑的做法，实在是太过了，开玩笑本身就没有考虑到对方的尊严。

如果让对方太难堪，玩笑也就失去了它的意义。你本身可能没有恶意，当你在开玩笑时却不顾及对方感受，玩笑非但不好笑反而适得其反，例如用轻松的口吻取笑同事遭上司训斥、取笑亲戚做生意失败、取笑朋友失恋……

本来这些人需要同情与安慰，你虽然"说者无意"，但对方"听者有心"，认为你是在落井下石。

可见，在与人交谈的过程中，得体的玩笑犹如润滑剂，可以松弛神经，活跃气氛，创造出一个和谐的交谈氛围。可以说，会开玩笑的人才能受到他人的喜爱与欢迎；不懂得如何开玩笑的人，只能给对方增加不快，而自己的形象也会因此大打折扣。掌握好开玩笑这一生活的调味品的用量，对你与他人的交谈百利无一害。那么，如何把握好用量呢？

1.玩笑的内容要高雅

交谈过程中，开玩笑是一门学问。开玩笑，简单地说就是利用幽默的语言，有技巧地进行思想和情感的交流。玩笑的材料取决于开玩笑者的文化修养和思想境界。内容健康、格调高雅的玩笑，不但可以启迪对方，还可以给对方带来精神上的享受，与此同时也能够在对方心里树立起自己美好的形象。如果开玩笑时说的是污言秽语，不仅使语言环境变得一片乌烟瘴气，对于听者也是一种侮辱和不尊重的行为，同时也说明自己情趣低俗、文化修养差。

2.开玩笑时态度要友善

交谈如果在一种相对轻松的环境下进行，与人为善就是开玩笑的基本原则。开玩笑的过程，也是情感相互交流的过程。如果借着开玩笑对别人冷嘲热讽，发泄内心的厌恶、不满的情绪，甚至拿取笑他人寻开心，那么只有傻瓜才识不破。也许有些人不如你伶牙俐齿，表面上你占了上风，但其他的人会认为你不能尊重他人，从而不愿与你交往。这样，你将会失去更多的朋友。

3.开玩笑时要区分对象

人因身份、性格、心情的不同，对玩笑的承受能力也不同。同样一个玩笑，能对甲开，不一定就能对乙开。一般来说，后辈不宜同前辈开玩笑，下级不宜同上级开玩笑，女性不宜同男性开玩笑。

在同辈人之间开玩笑，则要掌握对方的性格特征与当下的情绪。对方性格外向，能宽容忍耐，玩笑稍微过大也能得到谅解；对方性格内向，喜欢揣摩言外之意，开玩笑时就应慎重；对方尽管平时生性开朗，但恰好碰上不愉快或伤心事，就不能随便与之开玩笑；对方性格内向，但正好喜事临门，此时与他开个玩笑，效果会出乎意料的好。

4.开玩笑时要分清场合

在开玩笑时一定要分清场合，看这种场合是否可以开这种玩笑。一般来说，严肃静谧的场合，言谈要庄重，不能开玩笑；而在喜庆的场合则注意所开的玩笑能否使喜庆的环境增添喜悦的气氛，如果开的玩笑使人扫兴就不好了。总的来说，在庄重严肃的场合不宜开玩笑，否则极易引起误会。

第五章　和谐社交

张弛有度才能走得长远

在社交过程中，

无论是拓展人际关系还是维护人际关系，

时刻需要我们把握好分寸，

稍不留神可能会给对方留下不良的印象。

只有把握好分寸，

在处理人际关系时，

才能变得轻松自然，

让自己的人际关系朝着良性的道路发展。

初次见面，双方关系瞬间升温的技巧

在社交场合，经常会遇到一些陌生的面孔。当然，无论双方以前有多么不熟悉，也总要进行交流。那么，如何说出好的第一句话，绝对是一门学问。对于两个素不相识的人来说，如果第一句话说得不好，很可能会影响以后的关系。因此，社交活动中，如果想要利用第一句话来吸引对方，一定要掌握好分寸，需要注意这几个要点：亲切、贴心、消除陌生感。相信如果能够做到这几个方面的话，一定会是一个不错的开场白。

有一位演说家曾经说过："开场的10秒钟是最能抓住观众注意力的时间。"如果每个人能够利用这10秒钟来展示自己，就可以在接下来的整个交际过程中占据一种有利于自己的优势。那么，社交活动中，应该如何利用这最初的10秒钟，说好第一句话呢？

1.攀亲认友式开头

一般来说，对一个素不相识的人，只要在之前作一番认真的了解，在此过程中你往往都可以找到或明或暗、或近或远的关系。而当你在见面时及时拉上这层关系，就能一下子缩短你们之间的心理距离，使对方产生亲近感。

1984年5月，时任美国总统的里根访问上海复旦大学。在一间大教室里，里根总统面对数百位初次见面的复旦学生，他的开场白是这样说的："其实，我和你们学校有着密切的关系。你们的谢希德校长和我的夫人南希，是美国史密斯学院的同学。这样说来，我和在座各位自然也就都是朋友了！"

此话一出，全场鼓掌。短短的两句话，就使几百位黑头发黄皮肤的中国学生把这位碧眼高鼻的洋总统当作了十分亲近的朋友。接下来的交谈自然十分热烈，气氛相当融洽。

里根总统能在如此短的时间内打动如此多的陌生人，并与之拉近心理上的距离，靠的就是他紧紧抓住了彼此之间还算"亲近"的关系。

2.扬长避短式开头

人人都有自己的优点，也都有缺点。人们一般都希望别人多夸自己的优点，不希望别人多说自己的缺点，这是人之常情。跟初见者交谈时，如果以直接或间接赞美对方的优点作为开场白，就能使对方感到高兴，从而对你产生好感，交谈也就能愉快进行。

有一回，被称为美国"销售大师"的霍依拉先生，为了给报社拉广告，去拜访梅西百货公司总经理。寒暄之后，霍依拉突然问道："您是在哪儿学会开飞机的？总经理能开飞机真了不起啊。"

话音刚落，总经理兴奋异常，谈兴特谈，广告之事自然不在话下，霍依拉还被总经理热情地邀请去乘坐他的私人飞机。

3.仰慕式开头

在社交场合，我们经常会说一些"我早就读过你的……"或"我早就听说过……"之类的话作为开头，这样可以轻松地表达出对对方的敬意、钦佩之情，当然这也是热情有礼的一种体现。但是，在使用这种开头方式时，一定要掌握分寸，适当地表达，不能使用一些过于夸张的语气。同时，话题的重点要放在对方引以为傲的事情上，如此才能避免让对方觉得你的表达过于做作。

4.投其所好式开头

与人第一次见面，如果能用心了解对方的兴趣爱好和关心的话题，就能缩短双方的心理距离，而且会给人留下细心、会观察和会照顾人的好印象。

林叔和芸姨两位老人都失去了另一半，通过介绍两人在一家茶楼相亲。林叔要了一杯绿茶，说："我喜欢清淡的生活，一杯茶就够了。你想喝点什么呢？"芸姨说："我睡眠不好，喝茶会影响睡觉，就来杯白水吧！"林叔听了，觉得有了话题，就说："是啊，我们这个年纪，最重要的是身体健康。我看过一些医学书籍，说夜晚睡眠不好是由神经衰弱引起的……"

芸姨也跟着说起自己的身体状况，两人聊得很投机。

5.问好式开头

在社交场合，用合适的问候语开始对话，可以表现你的礼貌和关心，也可以拉近你和对方的距离。当然，你要根据不同的人和不同的时间，选择不同的问候语。比如，当你见到一位老人时说"老奶奶，您好"，会让人感觉温暖；见到一位老师时说"李老师，早上好"，就能很好地表达你的敬意，同时也可以顺利开启话题。

总的来说，一个好的开头可以帮助你在社交场合中快速地吸引对方的注意，赢得对方认可，更有利于后面的交流。不过，想要成功地完成社交，后面的对话也同样重要。所以，每一个人都要多学习一些语言表达技巧，并把它变成自己社交的有力武器！

适当的手势，可以为社交锦上添花

在人与人交往过程中，不仅有语言，还有手势。手势有时候比语言更能表达真实的感受，因为人的语言可能会作假，但是身体不会撒谎。所以，在建立或维护人际关系的过程中，身体语言能传递真诚的情感。特别是手势，能准确地反映人物内心的真实变化。

高原是刚大学毕业的一名学生，他参加了很多次面试，但都因为性格内向，过于紧张而没有得到工作的机会。

有一天，他又去应聘一个工作。面试前，他不断地提醒自己要放松，要自信一点。

高原走进面试办公室，双手递上简历给面试官，然后坐下。

在面试过程中，面试官问了一些比较专业的问题，高原立刻感到很紧张，双手不自觉地摩挲起来，面试官看他紧张的样子，安慰他："这些都是比较难的专业问题，在实际的操作中要学会冷静应对。"

在后面的交流和沟通中，高原发现面试官并没有那么严肃，心情也变得没有那么紧张了，手也自然地放在身前，在讨论到比较有共识的问题时，还会做出兴奋的手势，总之整个面试下来，他对自己的表现还很满意。

当他要走的时候，面试官说："你可以准备一下，明天就来上班吧。"

"你知道我为什么要录用你吗？"高原摇摇头。"那是因为你的手势变化，让我觉得你还是比较适合这个岗位的，我有多年观察人的经验，这种人的思维一般比较细致，从事这种比较严谨细心的工作会很有耐心，所以，在刚才面试过程中特别注意你的手部动作，总体来看，你还不错。"就这样，高原只是因为自己的手部动作就幸运地得到了一个工作的机会。

人类的肢体语言里，手的动作有着丰富的含义，我们可以看到交通指挥、航海人员等都是通过手势进行交流的，当然这是很专业的。在人类的进化过程中，人的手势可以反映很多的心理。比如案例中的面试官，判断高原是否适合这个工作的一个因素就是手的微妙变化，也许这种方式有些主观，但是却有一定的科学依据。因此，我们一定要多注意手势的表达，避免错误的手势传达错误的信息。

那么，我们在人际关系交往中，该如何掌握好手势的分寸呢？

1.手势的使用要合乎习惯

手势是一种非语言的交流方式，它可以帮助我们表达自己的想法和情感。但是，不同的文化和地区可能有不同的手势习惯和含义，所以在使用手势时，我们要注意是否能被对方理解和接受，避免造成误解或冲突。例如，我们常用的介绍、指示、请求、鼓励等手势，都有一定的规范和要求，不能随意变动或创造。通常情况下，当我们遇到不熟悉的手势时，大部分人会选择保持沉默，观察对方的反应，或者是从对方的言语中获取相关的信息。

2.手势的使用要适度

有的人在与人谈事时，两只手总是安静地待着，动也不动，这给别人一种不舒服的感觉。事实上，在交流时，对方会观察你的身体语言，除了眼神外，还会观察你的手。因此，在社交的时候，要适当使用手势。当然，也不能乱用，无论做什么事都要有个分寸，如果过度了，就会给别人带来压力。同样的道理，使用手势也如此，比如说，握手表示欢迎，可是有的人一见面就跟你握，而且握住还不放手。试想一个人一天之内跟你见三次，还要跟你握三次手，而且每次握住都不放，谁能受得了。

3.手势的使用要避免雷区

手势是一种有效的沟通方式，它可以表达我们的思想和感情，也可以增强我们的说服力和影响力。但是，在使用手势时，我们要注意文化和地域的差异，以及礼貌和尊重的原则，不能随意使用一些可能引起误会或反感的手势。比如，当我们介绍别人或指示方向时，要用手掌，手指并拢，掌心向上，这样会让对方感到友好和被尊敬。而不能用手指指着别人，这是非常无礼的行为。在日常生活中，有些人会不自觉地用食指指人，这是要避免的。在与人交流时，手势的范围不宜过大，也不要过于手舞足蹈。一般来说，手势在空间的上限不应超过对方的眼睛，下限不应低于自己的胸部，左右摆动的幅度不要太宽，应在自己的胸前或右边进行。在第一次见面或交谈时，要避免一些粗俗或不专注的手势，如抓头发、玩首饰、挖鼻孔、剔牙、看表、拉袖子等。总之，在使用手势时，要多学习一些常识，避免因为自己的无知而让对方产生不好的感觉。

彬彬有礼会让你的魅力加分

心理学认为，礼仪是人际交往中最基本的道德准则。通过礼仪，我们可以让对方感受到自己被尊重，从而建立和谐的人际关系。一个没有基本礼仪的人，很难与他人相处；而一个有礼有节的人，人际关系一定是和谐的，无论是在工作还是生活中，遇到困难时，都会有很多人伸出援手。因此，礼仪在我们处理人际关系的过程中，起着重要的作用。

礼仪主要包括礼节、礼貌和仪式。心理学告诉我们，礼节是向他人表达感谢、尊重、欢迎等的常用形式；礼貌是动作和语言的一种表现形式，有礼貌会给他人留下谦恭的印象；仪式则是一种按照一定程序进行的庆典形式，适用于大型的场合，比较庄重。

随着生活越来越丰富多彩，各种社会交往越来越频繁，要想拥有良好的人际关系，就必须在日常工作、生活中掌握礼仪的尺度，才能在对方心理上留下良好的印象。

1.交往礼仪

（1）当与人交谈时，对方说完，你需要接话，这样交流才能在轻松愉快的氛围中进行；如果对方说完，你没能作出回应，将直接导致双方心理差距拉开，这对人际关系极为不利。

（2）当对方盯着你的时候，你不要直视对方，假装着没有注意到，将目光转移到其他地方；如果对方看着你，你也直视对方，这在对方心理上会产生敌意。

（3）交流的过程中当对方体内释放"有毒气体"时，不要做出躲开或用手扇的动作，应该表现出一副若无其事的样子。如果你做出了躲开或用手扇的动作，会让对方感到尴尬，继而在心理上与你产生隔阂。

（4）因某件事或某句话出现失误时，不要耷拉着脑袋，应该面带微笑看着对方，表示接受对方的批评和教育。这样在对方心理上就会产生认可感，认为你知道自己错了。

（5）对方说话时，不要左顾右盼，最好的方式是，脸上带着微微笑意看着对方，这样既表现出你的礼貌，还会让对方在心理上感觉到，你很重视他说的话。

（6）站有站相，坐有坐相。这样对方会觉得你是一位有修养的人，可以提升你的人际关系。

（7）不要轻易做出承诺，一旦答应了对方，就一定要做到。这样对方会觉得你是一个靠谱的人，从而愿意与你继续交往。

（8）饭局上与人碰杯时，自己手中的杯子一定要低于对方，尤其是与领导或长辈碰杯时，自己的杯子高过对方是大忌。你的杯子低于对方，对方在心理上会产生优越感。

（9）批评他人时，要听得进去他人的辩驳或理由，不要武断。这样的话，对方会觉得你与他的心理距离比较近，他会认识到自己真正错在哪里，对你会表现得心服口服。

（10）任何时候不要将你的秘密轻易告诉别人，倘若对方将自己的秘密告诉你，你也一定要守口如瓶，这样对方会觉得你是一位值得信赖的人。

（11）接打电话时，第一句一定要说"你好"，不要忽视这个简单的开场白，对方听到后，心理上会产生一种舒适感；通话结束后，一定要等对方先挂电话，如果你先挂电话，对方在心理上会觉得你不耐烦，不利于人际关系的发展。

（12）无论是人前或是人后，千万不要讨论他人的是非，这样你便会给对方留下值得信赖的印象。

2.行为礼仪

（1）与他人一起走路时，不要将双手插在口袋内；如果你将手插在口袋内，会给对方留下一种拘谨的印象，认为你这个人很难交往。

（2）如果是弹簧门，无论是推还是拉，要让对方先进入自己后进；如果后面还有同行的人，要主动把门扶好，防止门回弹时拍到对方。这虽然是一些小动作，但他人会看在眼里，记在心里，你会让对方在心理上产生安全感。

（3）当对方为你开门时，一定要说声"谢谢"。这样的话，对方在心理上会觉得你有礼貌有修养。

（4）当屋内有人，自己要出去的时候，一定要轻声关门。这样的话，屋内的人会在心理上觉得你没有给自己造成噪音，从而会对你产生好感，有利于人际关系的发展。

（5）去别人家里，不要坐在人家的床上。床是供人休息的地方，属于家庭中的隐私部分，如果你去别人家里坐在人家床上，会让人家对你产生不好的印象。

（6）坐在椅子或沙发上时，不要左右摇晃，更不要跷起二郎腿。如果你做了，会让对方在心理上感觉到你比较轻浮。

（7）送人离开时，一定要送出门，然后说："请慢走。"这样的话，对方在心理上会感觉你重视自己。

（8）如果你是最后一个进门，一定要随手关上门。对方在心理上觉得你是一个细心的人。

得人心者，善于共情

共情也叫同理心、同感、共感等，它是一种设身处地从别人的角度去体会并理解别人的情绪、需要与意图的能力。简言之，就是换位思考的能力。懂得共情既是一种态度，也是一种能力。作为态度，它表现为对他人的关心、接受、理解、珍惜和尊重；作为一种能力，它表现为能充分地理解别人，并把这种理解以关切、温暖、得体、尊重的方式表达出来。按照常人的说法就是"换位思考""将心比心"。

擅长处理人际关系的人都有着很强的"共情能力"，通常能够"读懂"他人，会了解他人的感受，知道感受产生的原因和强度。能做到这些的人，通常是被认为具有很好的洞察力的人。无论是在工作场合，还是社团或家庭，这种积极的共情对培养和维护真诚持久的人际关系非常重要。因为共情可以使我们更准确地了解他人，更有针对性地为他们提供帮助，更顺畅地与他人交流和沟通，从而也就更容易建立良好的人际关系。

李明是一所名牌大学的高才生。毕业后，他凭借自己的实力进入一家国企工作。由于专业基础扎实，又勤奋肯干，李明在工作中并没有遇到什么实质性的困难。但是，只有一点让李明心里不痛快，那就是李明所在部门的经理总是跟他过不去。经理并没有在他人面前对李明恶语中伤，也没有刻意为难李明，就是每当他们团队接项目时，经理总是和他唱反调，李明说东，经理偏说西。这让李明心中起了一个不大不小的疙瘩。

这次，部门又接了一个项目。在新项目的讨论会上，同事纷纷提出了自己的建议，只有李明默不作声。下班后，经理主动约李明一起吃饭，想请他谈谈对新项目的看法，可李明还是一言不发。经理感到很奇怪。不过，想了一会儿之后，经理笑了。对此，李明感到很奇怪。

这时，经理开口了："李明，你是不是有顾虑？"李明抬起头惊讶地望着经理。经理笑了一下，继续说道："如果我是你，我也会有顾虑。"这下，李明更奇怪了。他目不转睛地望着经理。

只见经理说道："自从你来到这个部门之后，你发现每次只要一做项目，我们两个人就会出现分歧。更令你郁闷的是每次的方案总是以我的意见为主，你的建议似乎得不到重视。所以，这次项目你就不发言了。其实，如果换成我，我也会有这样的想法。来企业工作不光是为了养家糊口，还要实现自己的职业理想。我的建议总是不被采纳，那我怎么能实现我的职业理想，发挥我的个人价值呢？我当然会不高兴了。所以，下班后我才特意想和你沟通一下，看看你对这次项目有什么想法。"听完经理的话，李明心里的委屈消失了大半，和经理讨论起新项目的规划来。

为什么李明前后的态度会变化这么大呢？就是因为经理巧妙地运用了"共情"的方法，消除了李明心中的顾虑。从经理的话语当中，我们不难看出他不是站在自己的立场上去揣度李明的想法，而是真心真意地站在李明的立场上来考虑问题。

请大家想一下，如果你是李明，几次的提议都不被采纳，你还会在新项目的研讨会上发言吗？大多数人都会给出否定的答案。所以李明的经理非常明智，适时地站在了李明的角度上去考虑问题，才发现问题的症结所在。他及时调整了自己的工作方法，从而使李明再次充满信心地投入到新项目的研发中去。

小张是一家宠物销售公司的员工，连续几天，都没有卖出去一只狗。这天，他敲开了一户人家的门，出来一位女主人。这位女人主说："我不买狗。"小张说："不卖给你，我卖不动了，只想把狗寄放在你家两天，过几天我来取。"女主人一听说放两天，那太好了，可以免费拥有小狗两天，便欣然答应。这位女主人领着小孩尽情地同小狗玩耍，小狗就与女主人建立了深厚的感情，它的小鼻子是湿湿的，小嘴会时不时舔一舔小孩的小手，小爪子挠一挠，小尾巴晃一晃。

第二天，小张打来电话问："小狗怎么样了？"女主人说："小狗挺好。"第三天打电话问："狗还活着吗？"女主人说："活得挺好。"这个女主人愉快的心情在电话里不言而喻。第四天小张打电话说："我去取狗。"女主人却说："你来取钱吧。"小狗就这样被推销出去了。

这个故事告诉我们，人们喜欢为感情付出努力，也喜欢为感情投入金钱，而善于"共情"者就是对他人投入自己的情感，让对方感到欣喜，从而被人所接纳。那么，我们在维护人际关系时，该怎样掌握好共情的分寸呢？

1.理解

要想理解他人，我们需要放下自己的偏见和预设，用开放的心态去倾听他人的讲述，用感性和理性去捕捉他人的情绪和需求，用同理心去体会他人的处境和困惑。理解他人并不意味着要完全赞同他人的观点和行为，而是要尽量站在他人的角度去看待问题，而不是用自己的标准去衡量他人。

2.回应

理解他人之后，我们需要作出回应，用适当的方式来表达我们的共情，让对方感受到我们的关心和支持。回应的方式有很多种，比如反馈给对方自己的情绪和想法，提供一些建议和帮助，分享一些自己的经验和感受，给对方一些鼓励和肯定，等等。回应的目的是促进沟通和理解，而不是为了控制和改变对方。

3.平衡

共情是一种双向的过程，不仅要关注他人的感受，也要关注自己的感受。有时候，我们可能会过度共情，导致自己陷入对方的情绪中，失去自己的判断和主张，甚至忽视自己的需求和权利。这种过度共情会让我们感到疲惫和不安，也会影响我们和对方的关系。因此，我们需要在共情的过程中，保持一定的距离和界限，保护自己的情绪和利益，同时也尊重对方的选择。

4.灵活

共情不是一种固定的模式，而是要根据不同的人和情境，灵活地调整自己的策略和方式。有些人可能需要我们多一些倾听和安慰，有些人可能需要我们多一些建议和指导，有些人可能需要我们多一些陪伴和支持，有些人可能需要我们多一些尊重和空间。我们不能用一种刻板的方式去对待所有的人，而是要根据他们的个性和需求，灵活地表达我们的"共情"。

逃避解决不了问题，要及时修补关系

有些人总是逃避问题，不愿意承认自己的错误，而是想方设法地把责任推给他人，这样的做法对于人际关系的和谐非常不利。这样的人不会得到别人的喜欢，同事不会支持这样的人，有眼光的领导也很少重用这样的人。我们要想维护好自己的人际关系，就要有担当，让人觉得我们可靠。

小玲是个很自私的女孩，平时只要出了什么事就会把责任推给别人，把自己撇得一干二净。

有一次，小玲和芳瑜一起去超市，小玲的一个朋友让她顺便在附近的药房帮自己买些止咳药，她很爽快地答应了。小玲从超市回来后，看到她那位朋友一愣，不好意思地说："哎呀，我忘记给你买药了！都是芳瑜买了好多东西，耽误了好久，让我都忘了这件事，真的很抱歉啊！"

芳瑜很不开心，小玲又把错都推给她，于是便对小玲说："是你在回来的时候只顾着买烤红薯才忘了的吧？你怎么总是觉得自己无辜，而把错都归咎于别人呀！"小玲的朋友也在一旁开玩笑："看来是你们都没把我放在心上啊！"

从故事来看，是小玲犯了错，因为她的朋友让她帮忙买止咳药，她答应后却忘记了。但小玲自己却不承认，反而抱怨是因为芳瑜买的东西太多，才导致自己忘记了买止咳药。这种归因错误导致了三个人之间的矛盾。

归因偏差是指认知者源于人类认知过程本身固有的局限或者不同的动机系统而歪曲了某些本来正确的信息，导致归因不够客观的现象。

一天，卡耐基在森林公园遛狗，既没给狗系链子，也没有给狗戴口罩。这时迎面走来一个警察，很严肃地对卡耐基说："你为什么不给狗系上链子、戴上口罩？它要是咬伤小孩子，咬死小松鼠怎么办？”

“可是现在这里没有人，而且我不认为我的狗会咬人……”卡耐基辩解道。

警察听完很生气地说：“这次就算了，如果下次再让我看到，那就请你去跟法官说吧。”

接下来的几天，卡耐基遛狗时再没碰见警察。于是这天他又拿掉狗的链子和口罩，很不幸，卡耐基远远地看到警察走了过来。

警察一走近，未等对方开口，卡耐基马上诚恳地说：“对不起，警察先生，我真是该死，竟然不听您的警告，又这样把狗牵出来了。我有罪，我甘愿受罚。”

这下警察倒不好意思指责卡耐基了，反而劝他说：“好吧，这其实是人之常情，这里平时的确很少有人过来。”

卡耐基显得有些过意不去，说：“可是，这是违法的啊，而且它可能咬伤人或咬死小松鼠。”

“这么小的狗，应该不会的。”警察反而替他开脱起来。

最后，遵照警察的建议，卡耐基以后都把小狗牵到对行人比较安全的小山那边去遛了。

卡耐基的先发制人，轻松化解了警察可能出现的怒气。试想，假如卡耐基还像上次一样为自己辩解，无疑是在挑战警察的权威，肯定会起到火上浇油的效果。如今一个简单的先发制人的道歉，就得到了警察的理解，彻底地避免了被处罚的后果。

生活中，一个懂得及时承认错误的人，通常会给人留下坦诚、真挚的印象，即使犯了错误，也必定会比那些至死不认错的人，更容易得到他人的体谅，这在人际交往中有着极其重要的作用。

奥尔特·巴顿是美国著名的投资大师，当他的事业如火如荼的时候，却栽倒在一次十拿九稳的投资中，因为他的错误使家族损失一大笔资金。巴顿的家人和合伙人都没有过多地埋怨他，巴顿也很冷静，没有在错误出现的时候手忙脚乱，也没有推脱自己的责任，而是主动诚恳地向家人和合伙人道了歉，并且表示"一定会惩罚自己，让自己记住这次教训"。

就在人们仍然深陷这次投资失误造成的损失而痛苦不堪的时候，巴顿已经深入反省了自己的错误，找到了产生错误的主要原因，以及避免下次犯同样错误的方法。

不久，巴顿又开始投入到下一次的投资活动中。这时候，他的家人和合伙人都害怕他重蹈覆辙，非常担心他。但是大家的担心是多余的，巴顿很快用实际行动证明了这一切，他获得了投资以来最完美的一次成功。在接受记者采访时，他表示："上一次错误的经验，其实给了我成功的希望。"

再来看另外一个故事：

美国第42任总统克林顿在性丑闻之后，一直遮遮掩掩，但是由于很多证据都显示这位总统并不是无辜的，民众因此并不买账。直到最后，克林顿终于在事实面前认错。他发表了一场非常精彩的道歉演讲：

"至于我身边的人都知道，几个月来我一直在努力思考如何更好地说服自己向美国人民承认自己的错误行为，同时可以保持我对总统工作的忠诚……我希望美国人民知道，我为我的所有错误言行深表遗憾。我从来不应该误导国家、我的朋友或我的家人。很简单，我做了耻辱的事情。我一直在以严厉的话语谴责我的原告，这是不对的……"

克林顿真诚的道歉赢得了大部分民众的原谅，在之后的听证会上，克林顿终于摆脱了弹劾，继续担任总统。

巴顿在投资中出现了失误，但他仍旧取得了家人和合伙人的原谅和支持；克林顿做错了事，最后仍旧获得了民众的谅解。他们之所以能够做到这些，是因为他们勇于承认错误，这种勇气和承担是为人们所看重的。

做错事并不可怕，怕的是不承认，怕的是推诿。我们要有勇气承认自己的不足，敢于坦率地承认错误，只有这样才能取得别人的谅解，才不至于让自己的人际关系受损。所以，一个敢于承认错误、有责任感的人，会让人在心理上觉得非常可靠。因此，我们在经营人际关系时，要敢于承认自己的错误，只有这样，人际关系才能健康地向前发展。

信任是获取支持的基础

适当地向别人求助，除了能让双方关系更紧密以外，还是人与人之间建立信任的重要途径：因为在互相帮助的过程中，双方都投入了许多感情和精力，都对这种社交抱着积极而正面的态度。你愿意帮我，说明你对我信任；我愿意帮你，说明我也信任你。随着信任的加深，双方的关系也会越来越好。

人们在互相协作中建立起信任关系，社会分工的大体系也是通过协作和信任建立起来的，我们只有融入其中才能体现自己的价值。社交也是如此，只有通过"互相帮助"与他人产生联结，互相产生信任，我们才能找到自己的位置，才能享受互助的便利。

如果我们遇事一个人扛，不向别人求助，就很难向别人传达我们的信任。别人感受不到我们的信任，也不会轻易地相信我们。没有信任的社交可以说是无效的，因为双方都害怕对方欺骗自己，不敢与对方坦诚相待。这样一来，我们身边所有的关系都会变成泛泛之交。

如果一个人没有一个能信任的朋友，他一定会感到万分的孤独，心中的情感无处倾诉，重要的事也无人可以托付。所以，我们要学会与他人建立信任。

迈克因为家庭暴力被判入狱两年。出狱后，他又因为用语言恐吓女人而遭到警察逮捕。那些认识他的女人，只要一听到他的名字就会被吓得胆战心惊。迈克想要找一份工作，过正常人的生活。可是，由于有犯罪前科，他遇到了很多困难。没有哪家公司愿意雇用一个经常殴打女性的暴力男。他还成了妇女保护组织的重点"照顾对象"。经常有妇女保护组织的工作人员来找他，询问他是否交上了新女朋友，并警告他，如果敢再对女性使用暴力的话，就会再次把他送进警察局。在那段时间里，迈克简直快要崩溃了。有时，他甚至想买一把手枪，在大街上对着人群扫射。

一个偶然的机会，他在酒吧认识了一个女孩，从此他的人生出现了重大转折。那个女孩名叫康妮。她在酒吧遇到了迈克，并与迈克进行了短暂的交流。

在谈到康妮时，迈克羞涩地说道："在第一眼看到她时，我就觉得她对我来说非常重要，是我一辈子需要的女人。在她身上，我发现了一种真诚，她是我出狱后第一个真心和我谈话的人。我觉得，与她相处我很有安全感。其实男人也需要安全感。在她身边，我不会被轻视，也不会被怀疑，她总是能够看出我内心的想法，并不断地激励我前进。在我遭遇挫折时，她从来不会看不起我，伤害我，而是帮我寻找解决问题的办法。"

如今，迈克已经成为业务覆盖美国西部大部分地区的一家快递公司的老板。在他的带领下，这家快递公司的业绩不断攀升，公司资产已经达到了400万美元。值得一提的是，康妮不仅成了迈克公司的大股东之一，也成了迈克的妻子。

毫无疑问，康妮之所以能够走进迈克心里，最主要在于她给予了迈克信任与支持，而这正是迈克最需要的东西。

信任是人际关系中连接人与人之间的纽带，也是获得别人支持的基础。如果不讲究方法就会适得其反。不当的社交方式不仅不能获得信任，还会让别人对我们产生怀疑和防备。要想获得别人的信任，在人际关系中拿捏好分寸，就需要注意以下4点：

1.给对方一个了解自己的机会

我们要先给对方一个了解我们的机会。如果没有了解，又何谈信任呢？如果对方和我们不太熟悉，我们就要向对方介绍自己，让对方先对我们有一个大致的了解。这时，如果我们请对方帮比较大的忙，对方可能不会答应，所以我们可以先请对方帮忙做一些无关紧要的小事。再借由这件小事与对方展开互动，让对方更深入地了解我们。如果我们在某次聚会上遇到了不太熟悉的人，彼此寒暄、自我介绍后，可以请他帮一些小忙，如我们上洗手间时，可以请对方帮忙照看包等，我们可以通过这样的小事情表达自己对对方的信任。

2.明确期望和要求

对于已经熟悉的朋友，我们在请求对方帮忙时，要明确自己的要求，这样对方才能清楚地知道我们要达到的目标。了解了我们的目标以后，假如对方感觉爱莫能助，就有时间提前向我们说明情况，避免误会。我们也可以再想别的办法，不耽误解决问题。

如果我们不把自己的期望和要求说清楚，对方帮忙以后没有达到我们的预期，双方就会产生误会。而且，明确我们的要求和期望也是对对方的信任，因为我们相信对方会真心地帮助我们，即使对方做不到，我们也不会因此心怀芥蒂。

3.坦诚告知对方可能存在的风险和困难

有时候，别人在帮助我们的过程中，需要承担一定的风险，克服一定的困难。我们一定要把这些可能存在的风险和困难坦诚地告知对方。如果对方因此拒绝帮助，我们也应该接受。要知道，我们的不坦诚，很可能会令对方蒙受损失，进而影响双方的关系。告知对方可能存在的风险和困难，体现了我们诚实的品格，对方会因此对我们更加信任。

4.履行自己的承诺

如果我们是请求帮助的一方，不管我们答应了对方什么或者承诺会如何帮对方，都应该及时履行自己的承诺。如果我们是被请求者，既然答应了帮助别人，就应该尽力去做到。除此之外，我们也不应轻易许下诺言，不要承诺自己做不到的事，因为承诺别人以后又失信于人，就是在摧毁双方的信任。

人与人之间应保持适当的距离

冬天来了，两只刺猬想挤在一起御寒。可是，当它们靠近时，都会被对方身上的刺扎得疼痛难忍，不得不分开。然而为了温暖，它们又一次靠近，结果还是吃了同样的苦头。怎么办呢？最终，两只刺猬在两难的困境中找到了解决办法，那就是双方保持适当距离，只有这样，两只刺猬才能够相安无事。

这两只刺猬的故事，不禁让我们陷入思考之中。生活中的我们有时不也像刺猬一样吗？每一个人都想与人亲近、与人交流，但是内心深处却都想给自己保留一个私人空间。这个私人空间由铜墙铁壁筑成，根本不容许他人的"侵犯"。心理学家通过多年的研究，将人的这种心理现象称为"刺猬法则"。

刺猬法则其实就是人际关系中的"心理距离效应"。我们都知道，虽然人和人之间相互需要、相互帮助、相互扶持，但只有保持适度的距离才能彼此保留私人空间。在人际关系中怎样保持距离是一门学问，需要掌握好分寸。换言之，只有保持好交往的频率、距离和分寸等，才能拥有良好的人际关系。

李婷婷是财务专业毕业的，凭借自己扎实的专业能力，成功地进了一家外贸公司。李婷婷不仅做事谨慎、工作积极，而且非常有分寸，很快就得到了主管的赏识。主管对她特别关心，经常对她的工作进行指导，公司有什么好机会，主管也都常常想着她。李婷婷为了表示感谢，经常主动帮主管办一些不太重要的杂事。而且两人住的地方正好很近，下班后主管就常让李婷婷搭顺风车。渐渐地，两人的关系就超越了一般的上下级的关系。

有一次，公司工作比较繁忙，完工后主管让李婷婷跟同事们先走，他自己还有一些工作要做。李婷婷在公司附近的餐馆吃过饭，忽然想起主管一直在加班，还没有吃晚饭，就买了一份饭菜给主管送去。主管的门虚掩着，她没敲门，直接推门而入，结果发现主管的爱人在里面，而且主管的爱人已经给主管带了饭菜。

更为尴尬的是，就在李婷婷进门时，主管的爱人正搂着主管的脖子不知道说些什么。李婷婷的突然出现，让屋里的两个人非常惊讶，特别是主管的爱人，微微带着怒气。

这本来只是一个小误会，不巧的是，这一幕恰好被另一部门的两位男同事看到。大家当时都没多说什么，但是都觉得有点不自在。后来李婷婷总觉得自己在面对主管和那两位男同事时有点不舒服。李婷婷还发现，女同事刻意躲着她，主管再也不像以前那样对她了，下班后也不叫她搭顺风车了。

有一天，办公室里突然流传出主管和李婷婷有染的传闻，还说他的妻子都知道了。其实大部分人都明白这是假的，但还是以玩笑的口吻传播着。不久，沸沸扬扬的传闻让主管难以忍受。正巧，公司在西部地区开设分部，李婷婷便被派去了。

李婷婷的问题在于她和主管走得太近，导致同事们产生误会，也给主管带来极大的压力。很多时候，很多人不懂得处理人际关系的分寸，在与人相处的过程中，要么太冷漠要么太热情。冷漠会让两个人渐行渐远，而热情会给人一种压力，让人难以接受。生活中，很多人的朋友逐渐"消失"就是因为某一方或者双方把距离推得太远，最后失去了感情；而很多时候，两个关系不错的人反目，则是因为距离太近造成了一些误解或者厌倦。比如说有的恋人会突然提出分手，理由是"你对我太好太热情了，事无巨细，我觉得很累，不自在"。又如有的人和同事或者新认识的朋友聊天，滔滔不绝，什么秘密都跟对方说，并且毫无顾忌地谈论对方的事情，这会让对方觉得这个人不可靠。

那么，我们平时在维护人际关系的时候，应该怎样保持分寸感呢？

1.保持一定的空间距离

空间距离是指人与人之间在物理上的间隔，它会影响我们的舒适感和安全感。面对不同的场合和关系，我们应该保持不同的空间距离。一般来说，有四种空间距离：亲密距离、个人距离、社交距离和公众距离。亲密距离是指15厘米以内的距离，适用于亲人、恋人和密友之间的交往，可以表达亲密和温暖的情感；个人距离是指45厘米到120厘米之间的距离，适用于熟人和朋友之间的交往，可以表达友好和信任的态度；社交距离是指120厘米到370厘米之间的距离，适用于工作和社交场合中的交往，可以表达尊重和礼貌；公众距离是指370厘米以上的距离，适用于演讲和陌生人之间的交往，可以表达正式和冷漠感。

如果我们不按照这些距离来交往，就可能让对方感到不舒服或不安全，甚至引起误会和冲突。

2.保持一定的心理距离

心理距离是指人与人之间在情感上的亲疏，它会影响我们的认同感和归属感。面对不同的人和事，我们应该保持不同的心理距离。一般来说，有三种心理距离：亲密关系、友好关系和陌生关系。亲密关系是指我们与最亲近的人之间的关系，如家人、恋人和知己，我们会与他们分享最深刻的感受和想法，寻求最坚定的支持和理解；友好关系是指我们与一般的朋友和同事之间的关系，我们会与他们分享一些日常的经历和观点，寻求一些合作和帮助；陌生关系是指我们与不熟悉的人之间的关系，我们会与他们保持一些基本的礼貌和沟通，寻求一些信息和服务。

如果我们不按照这些关系来交往，就可能让对方感到不受尊重或不被信任，甚至引起反感和厌恶。

3.保持一定的时间距离

时间距离是指人与人之间在交往频率上的差异，它会影响我们的新鲜感和期待感。不同的阶段和需求，我们应该保持不同的时间距离。一般来说，有两种时间距离：经常联系和不经常联系。经常联系是指我们与某些人之间的交往频率很高，如每天或每周，这样可以增进彼此的了解和信任，维持稳定的关系；不经常联系是指我们与某些人之间的交往频率很低，如每月或每年，这样可以保持彼此的神秘感和期待感，增加新鲜的刺激。

如果我们不按照这些频率来交往，就可能让对方感到压抑或冷落，甚至引起烦躁和疏远。

总之，人与人之间保持适当的距离，是一种智慧和艺术，也是一种对人的尊重。只有保持适当的距离，才能更好地与他人相处，享受更美好的人际关系。

演好自己的角色，配角更能彰显内在美

在与朋友相处的过程中，人们总是对这样一种人感到头疼：他们说话非常啰唆，而且特别爱显摆自己，根本不给别人表现的空间。这样的人往往不会得到他人的欢迎和喜爱。就像我们在看电视节目的时候，如果主持人只管自己说，不给我们喜欢的嘉宾说话的机会，那么我们肯定会非常厌恶这个"专横"的主持人。

在处理人际关系的过程中也是一样的道理，任何时候，都没有人喜欢那些不考虑他人感受、只顾自我表现、爱抢别人风头的人。相信很多人都会认为这样爱争夺注意力的人一定是没有礼貌、自私又没素质的人。所以，擅长管理人际关系的人都明白，什么时候可以发挥，什么时候可以退让；什么时候能做主角，什么时候可以做配角。在人生的很多场合中，无论你多么想要展示自己，你都要好好掌握这个分寸，努力做好一个合格的配角，否则肯定会引起他人的反感。

某传媒公司新招了一个女员工，口才非常好，说起话来就像机关枪一样，嗒嗒嗒地响，又像江河之水，源源不断。她思路清晰、引经据典、声情并茂，经常把人说得哑口无言，很没面子。

慢慢地，同事们都不想和她交流，比如，几个同事在闲聊，看到她过来了，就纷纷散场。同事们也不再和她辩论，她说什么大家当作没听到，不愿理睬。就这样，这个女员工被大家冷淡的态度孤立了起来。

或许你真的很出色，但是你不一定在任何时候都要做主角。在与人相处的过程中，你要做的是让别人欣赏你，而过于炫耀、争抢主角往往让人反感，因为你这样容易把别人压下去。也许你会说："我没有和别人比较啊！"对，你本意不是和别人比较，但是你成了主角，别人自然不就成了配角吗?

所以，有时候，你不妨把主角的位置让给他人，自己去做配角。让他人在你面前感受到一种成就感，他们会更喜欢和你相处，更容易对你有好印象。不要以为配角只能为他人做嫁衣，对自己没有一点好处。其实不是这样，只要你有本事，做配角一样可以干出一番事业。

关珍珍是一个非常健谈又乐观的女孩子，她平时无论对谁都是笑容满面，在大街上遇到熟人也会主动问好。性格这么好的女孩子应该人人喜欢，可就是因为她太爱抢风头，往往不顾主次抢占他人表现的机会，同事们因此都不太喜欢她。

有一次，他们部门的业务经理李梅过生日，于是同事们就约好一起去唱歌，为李梅庆祝生日，但是大家都不想带上关珍珍一起去，因为她爱抢风头的性格让她就连唱歌也是"麦霸"，只要她去了，恐怕其他人就没有开口的机会了。但是考虑到都是同事，剩下她一个人也不合适，于是就邀请了她。

果不其然，她一进KTV就开始唱歌，而且每首歌都有一个接着唱的理由，总说是"为了感谢经理李梅"，其实就是想展示自己的歌喉。李梅本来也喜欢唱歌，想借这个机会和团队成员们增进感情，没想到整个晚上都被关珍珍霸占了麦克风。李梅心里很不爽，其他的同事也都不高兴，而关珍珍却浑然不觉，还陶醉在自己的歌声中。

又过了一会儿，大家都找了借口走了，只剩下关珍珍一个人继续"享受"。从那之后，没人再愿意和她一起玩儿了，经理李梅也对她的态度冷淡了不少。

在一些场合适时地展示自己，会让大家发现你不同寻常的一面，也更容易让大家印象深刻，这对自己的社交是非常有益的，但是该低调的时候不低调，不该高调的时候却抢了风头，只会让大家对你反感。在处理人际关系时，我们一定要记住一点：人生如戏，作为演员的你有当主角的时候，也会有当配角的时候。因此，在不同的场合、不同的情况下，我们一定要找准自己的角色定位，该当主角的时候当仁不让，该当配角的时候不越界。

这就像相声里面的"逗哏"和"捧哏"。既然你站在"捧哏"的位置，就要做好"逗哏"的陪衬。如果你总一门心思想着如何去"逗人"，抢风头，那一切就会乱了套，下次可能你连做"捧哏"的机会都没有了。

在一些场合中扮演主角是很多人的梦想，但是很多人却总是表现出过度的表现欲，明明需要他做配角的时候，往往控制不住自己，把握不了角色的分寸，最后抢了主角的风头，让其他人产生反感厌恶的情绪。如果你就是这样的人，那么你一定要注意下面的几点建议：

第一，如果你想展示自己，也不要去抢别人的风头。你要运用智慧和出色的社交技巧让自己成为人群中的焦点，让人真心地欣赏你的谈吐。这样，即使你的话再少，别人也乐意听你说，而不是故意出风头强行吸引他人的注意。

第二，在公共社交场合中，你要时刻去观察他人对你的话的反应，要随时注意别人对你的话是否感兴趣，是否有听下去的意愿。如果听的人开始四处张望，出现应付之言的时候，你就应该马上结束你的话。否则，时间一久，社交就会变成你一个人的"独角戏"了。

第三，要学会自我控制，自我调整，演好自己的配角，说好自己的话。如果能做到适时地把握分寸，既能体现出你优秀的素养和品格，又能把话说得恰如其分，就会得到对方的喜欢。

第六章　事在人为

开拓生存空间的必备技能

一个人能否在社会上站得住、行得开，

最重要的一点是看他会不会办事，

即能够把各种各样的事情办得尽善尽美，

让绝大多数人感到满意，

也能够让人心甘情愿地为自己办事。

因此，会办事的人，

人生和事业总是一帆风顺，

更能取得伟大的成就。

求人，但不强人所难

不要强人所难，这是求人办事的基本原则。求人办事，要看人家是否有能力。如果人家真心实意地告诉你他无能为力，就不要勉强人家一定要帮你办。即使人家有能力而不愿意，也不要因为人家不帮你就给人家难堪，记恨在心。人家不想帮你肯定有他的理由，求人的人就应体谅人家，然后寻找其他途径。如果人家有疑虑，就应该给人家足够的考虑时间，千万不要因为人家暂时不答应就生气冲动，强人所难。

然而世间总有这样一些人，只顾自己的利益，不管别人有多么困难，一旦自己有事找别人帮忙，就要求别人必须答应他，否则，就像俗话说的——"乌龟咬人不松口"，非要给别人制造麻烦不可。

他们这是利用人性的各种弱点、各种"不要脸"的手段，从而达到操纵他人、威逼他人的目的。他们占了你的便宜，还不知足，用一句俗话说，就是"蹬鼻子上脸"，没完没了地和你纠缠，以获取更多的利益。这种人，一旦被人看穿其"真实面目"，便会被人唾弃，导致自己的路越走越窄。

生活中常会有这种现象，有些人为了工作上的利益，总是不断地拜访领导，甚至在下班后也不顾人家的意愿，在领导家里待上好几个小时。他们以为这样，就能赢得领导的欢心，事情就容易办成。殊不知，这种行为无论有意还是无意都有"乌龟咬人不松口"的嫌疑，会让人很反感。

一位心理学家说："利用别人去做一件对自己有利的事本来就不合适，更不要把这件事当作对别人的恩赐，这是不可原谅的自欺欺人行为。而且，最终一定会落空的。"

人是会算计的动物，当你听到别人请你办事时所说的话之后，你会本能地判断这些话的价值，但每个人的判断标准不同，方式不同，大概有以3种类型：

（1）利弊型：从利益、损失加以判断；

（2）情感型：从人情、道义加以判断；

（3）理性型：从客观上加以判断。

当然，有些人对一件事的判断可能会将这3种类型并用，也有人对同一件事会用不同的方式去判断它的价值。比如，有人请你做一件事，你用利弊型的方法去判断，发现此事对你无益甚至有害；但接着又用情感型的方式去判断，你会觉得和对方有深厚的情谊，就算自己吃点亏，也帮他办了吧；最后你或会用理性的观点去判断，觉得"答应"虽然吃亏，但"拒绝"会伤害彼此的感情，权衡之下，为了维护关系，还是"答应"了。

将心比心，换一个角度去考虑，既然别人请你办事时，你要有这么多的考虑，那么自己求别人办事时，就不能不为别人考虑了。你说是这个道理吗？

生活中这样的例子非常多。

比如，小王知道老同学小张有个亲戚在政府某个部门任一把手，他就想让小张帮他调动工作。小张见是老同学的请求，虽有顾虑，但还是答应了。可是，小张问过他的亲戚后，得到的答复是"不可能办"。小张就向小王解释情况。可是，小王却觉得小张"不给力"，立刻板起了脸说："你还有什么用？这么一件小事你都帮不了。"说完就扭头走了，这让小张很难受。其实，小张本来还想说，他还有个关系不错的人，也许能帮上忙，但看到小王那样的态度，他也不敢再提了。他怕如果再办不成，小王对他会更加不客气。

小王这样的做法，就是不懂分寸，是求人办事时最忌讳的。就算是再好的朋友也不能这样对待，因为毕竟是你求别人办事，只有心平气和、用商量的语气，才有可能成功；强人所难、意气用事，受损失的只能是自己。

开门见山不如适当铺垫

正如一位哲人所说："这个世界上没有两片完全相同的叶子。"同样的道理，这个世界上也没有性格完全相同的两个人。即使是一母同胞的双胞胎，长相看起来让人难以辨别，性格却也大相径庭。如此一来，也就决定了我们在与不同的人说话时，必须采取不同的策略。有些人不分情况，总是喜欢开门见山；有些人不管说什么事情，都要迂回曲折。当然，并不是说开门见山不好，也不是说迂回曲折就一定是最好的。要想掌握好表达的分寸，正确做法是，如果你面对一个脾气暴躁的土匪，却依然迂回曲折地哀求活命，只怕土匪还没听完你啰哩啰唆的话，就直接送你见阎王了。相反，如果你遇到了文质彬彬的学者，却满口粗话，说话一点儿弯都不拐，则一定会让学者难以接受。倘若把对付土匪和学者的方式调换一下，也许就恰到好处了。

根据交谈的对象，选择最适合其特征的表达方式，这是最重要的。大多情况下，开门见山虽然好，但如果缺乏必要的铺垫，则往往让人觉得突兀，甚至无法接受。尤其是求人帮忙办事，一定要提前进行铺垫，这样对方才不会因为事出突然，一时之间不知应该作何反应。

晓斌已经28岁了，独自一人在大城市生活。说独自一人，是因为晓斌的父母和兄弟姐妹都与他不在一个城市。不过，晓斌也并非完全孤独，因为他的姑姑一家就在这座城市生活。每隔一段时间的周末，晓斌就会买些礼物去看望姑姑一家，顺便也尝尝家常菜的味道，解解馋。晓斌与姑姑一家人相处得很好。

最近，晓斌谈了个女朋友，已经到了谈婚论嫁的阶段。不承想，女方母亲唯一的要求就是让晓斌买房。其实，这也能理解：钱多钱少都可以过日子，但是如果没有地方住，总不能睡大街去。在女方母亲的一通大道理下，晓斌只得和父母说了这件事情。然而，父母一辈子面朝黄土背朝天，根本没有办法为晓斌提供经济支持。

左思右想，晓斌觉得姑姑一家人都是国企的，手里应该有闲钱。因此，他在这个周末带着很多礼物，再次来到姑姑家。晓斌决定开门见山。

见到姑姑，刚刚坐在沙发上不到一分钟，晓斌就直截了当地说："姑姑，我想和你借钱买房。"晓斌这句话一出，屋子里的气氛瞬间就变了。

姑姑半晌没有说话，姑父说："你怎么突然要买房，之前没听你说过啊！"

晓斌说："是这样，我想结婚了，我对象的母亲希望我能买房。"

屋里又陷入尴尬的沉默之中，姑姑良久才说："晓斌，很不凑巧呢，我和你姑父也刚刚在云南的一个城市买了套房，准备过去养老。你要是早点说，我们或许就不买了，先把钱给你用。但是现在，首付都已经交了呢！"姑姑的话让晓斌的希望彻底破灭了，他尴尬地赶快告辞，此后也很少去姑姑家了。

晓斌借钱之所以会失败，大部分原因都在他自己身上。

第一，姑姑家的钱不管有多少，都不是姑姑一人做主，而是姑姑与姑父的共同财产。因此，晓斌要想向姑姑借钱，最起码应该先和姑姑打个招呼，好让姑姑也和姑父私下商量商量。而晓斌这样开门见山非常突兀地说出自己的请求，姑姑根本不可能当着他的面与姑父商量，为了避免夫妻矛盾，只好找了个借口拒绝。

第二，我们在寻求他人帮助时，一定要先了解对方。通常情况下，人们是不会向刚刚买房的人借钱的。因此，晓斌借钱的请求提得过于唐突，遭到拒绝也是情理之中的事情。

求人帮忙时，前期需要做适当铺垫，真诚地说明自己面临的困境，想帮忙的人不等你开口，也会主动向你伸出援助之手；但是对于不想帮忙的人而言，即使你开门见山地提出了自己的请求，他们也总会找到理由拒绝。由此可见，我们必须给他人更多的时间和空间思考我们的请求，先适当铺垫然后再说出我们的请求，是最稳妥的做法。

余地，不可不留

常言道："做人要做十分，做事只需做八分。"由于人们对于人际关系的界限把握有限，不可能所有人都是诸葛亮，事事能精准推算，所以，在办事的过程中，对于所办之事、所说之话，应该答应的答应，不应该答应的决不强行答应；应该谅解的谅解，不要置人于"死"地。要尽量给自己留下调整的余地，不要过于偏执，以免使自己尴尬、为难甚至受到伤害。

要想实现这一点，必须学习以下两种技巧：

1.做两手准备，灵活变通

人们在办事过程中总是期望如愿以偿，但有时事情的进展往往不合人意。不是"半路杀出个程咬金"，引起许多困扰，就是结果与目的相去甚远。因此在处理事务之前，要对事情的复杂度和自己的能力有一个充分的认识和估量，不要抱着过高的期望，期望越高反而越容易沮丧，因此，要充分了解自己和事情的具体状况。

在办事情之前要做好成功与失败的两种思想准备，只考虑成功，不想到失败是一种非常主观的态度。而做任何事情时最理想的心态则是"朝最好的方向努力，往最坏的情况打算"。

首先，要衡量一下自己的能力，对自己有个正确的判断，做到自知。如果你对自己的办事能力、水平都没有个准确客观的认识，连自己的"底牌"都不清楚，盲目地决定，就不可能获得成功。

其次，要了解对方，要把你所求的人或求你办事的人，了解个清楚明白，诸如地位、性格、爱好等。只有对自己所想或所做的事以及相关的各方面，做出客观的分析，再及时地根据当下当地和别时别地情况的变化，来审查和调整自己的心态，适时地采取相应的灵活措施，才可以尽量避免失败或降低失败概率。成功的可能性变小了，就退让一步，或换个策略；成功的可能性变大了，就全力争取。

2.要学会模糊表态

相信大家都不愿意跟一些说话含混不清的人交往吧？这是自然的，因为一个人如果在表达自己意思时不清楚、模糊，就很让对方头疼不已。但是，在有的时候，说含混不清的话却有着事半功倍的效果，让人感到非常有分寸感。

这种不明确的说法，就是模糊表态，即是运用适当的方法、巧妙的措辞对他人的要求作出间接的、隐晦的、灵活的回应。其特点就是不直接表达态度，避免与对方产生硬碰硬式的冲突。

模糊表态的作用有二：

（1）给自己留有回旋的余地。一时难以明确，需进一步探究事情真相或观察事态的演变及周边形势的变化，然后才能拿定主意。"模糊表态"就能给自己留下一个仔细思考、谨慎决定的空间。否则，言出必行，难以收回，不仅影响自己的威望和信誉，也会对事业、对人际关系造成负面影响。

（2）给对方一些希望之光，有利于稳定对方的情绪。向你求助或咨询问题的人，内心总是怀着期待，希望事情能顺利解决，圆满达成。如果突然遇到冷酷的拒绝，由于缺乏必要的心理调节，很可能因过分沮丧或难过，心理上难以平和，情绪上难以稳定，从而产生激烈的言行，不利于人际交流。反之，如果话还没有完全说绝，则让他感觉事情并非没有希望，也许经过更多的努力或者过一段时间会有转机，事情会向好的方向发展，因而情绪趋于平静。

然而，我们并不是说无论什么都要模糊表态。该清楚回应的，也模棱两可，那是非常错误的。那么，遇到什么样的问题，在什么样的情况下，适合用模糊表态方式？又如何掌握模糊的分寸呢？

1.当事态不明朗时，可以使用模糊表态

任何事情的演进变化都需要有个过程，有的还需要有一个相当长的变化过程。当事情处于变化的初期，本质性的问题还未显露出来，就难以判断其好坏、美丑、利弊、胜负。这时，需要耐心、观察、了解、研究，千万不要轻举妄动，随便说话。

2.迫于情势需要，可以使用模糊表态

例如，你可以说："这件事比较复杂，容我考虑一番，然后再决定。"这样就会给自己以后的态度留下调整的空间。有些经验丰富的人遇到这类问题，用几句幽默话语，如讲述一则寓言故事或一则笑话，而不作直接的回答，留给对方去思考、体会。这可以说是"模糊表态"中的高招了。

3.当与对方初交时，可以使用模糊表态

让我们拿谈恋爱打个比方，有正、反两例，值得借鉴：

李薇和王力都是性格内向的人，平时很少和异性接触，经过朋友的牵线，两人有了相识的机会。第一次见面，双方互相都有好感。他们之间的对话，是一种探索和试探。幸运的是，两人都很聪明，知道如何在初次交往中表达自己的态度。

李薇和王力分手时，王力对她说："我觉得你是个不错的人，但是我们还只是刚认识，还需要多一些时间去了解彼此。"

李薇也微笑着回答道："我和你的感觉一样。"

这里双方的态度都是模糊的，既表达出想要做朋友的意愿，又为自己保留一些空间，双方都很开心，为今后的深入交往奠定基础。

然而另一对青年并非如此：

小丁和小张是通过朋友介绍认识的。第一次见面，小张就撇了撇嘴，对小丁说："我对你没兴趣。"小丁觉得很受伤，赶紧跑了，回家哭了一顿，怪罪起介绍人来。

小张的态度不管是方式、时机，还是用词的选择都缺乏分寸。

因此，当我们在实际交流中，需要进行模糊表态时，要遵循以下三个原则：

第一，对于不确定的事情不要轻易答应，即使答应了也不要把话说死，应该给自己留下余地。比如，可以多用"尽可能""力所能及""努力"等词语，避免用"必须""绝对"等字眼，这样也有利于获得对方信任。

第二，对一些可能会拖很久的事情，采取灵活性的承诺。有些事情，随着时间的推移，具体情况是会变的。如果承诺时加入一些灵活时间的概念，比如像"以后""等一等"等，根据具体情况的变化及时调整，效果会更好。

第三，对自己主观能力所不能解决，只能在特定客观条件下才能解决的事情，承诺时应加上一定的条件。例如"在符合规定的情况下""如果客观条件允许的话"等，这样既能体现出自己的诚意，又能给自己留下余地，同时还表现出自己的主观努力和良好意愿。

求人办事时，用合理的微笑装饰表情

用微笑去对待每一个人，那么你可能会成为最受欢迎的人。微笑能够在短时间内拉近人与人之间的距离，是人类表达善意的一种方式。美国密歇根大学的心理学教授詹姆斯曾经说过这样一句话："面带微笑的人，通常在处理事务、教导同学或者销售行为上，都显得更有效率，也更能培养出快乐的孩子。笑容比皱眉头表达的信息更多。"

微笑是世界上最美的语言。作为人类的一种本能反应，实在不应被大家忽视。作为一种表情语言，可以表达一个人自信、乐观的心态以及友好和善意，也可以让自己紧皱的眉头舒展开来，缓解自己工作上的压力。除此之外，微笑还可以化解人与人之间的矛盾，消除剑拔弩张的紧张气氛和对方的不良情绪。

小王考完驾照后，心情激动地开车上路，由于缺乏经验，一路开得都非常小心翼翼。但是在一个十字路口等红灯的时候，他的车还是向后溜了一下，撞到了后面的车辆。

对方下车之后说道："你是怎么开车的，那么远的距离还会溜车？"小王看着对方满脸怒气的样子，没有反驳，而是笑着说："朋友，我真不是故意的。我刚刚拿到驾照，对这里的路况不太熟悉，没有注意到这是一个缓坡，再加上紧张，刚才脚不自觉地松了一下刹车，给你带来的麻烦，我是真心感到抱歉。"对方看到小王脸上诚恳的笑容，再加上车只是轻轻碰了一下，并没有什么损失，于是就说道："算了，反正也没出现什么问题，不过以后你开车可要小心点，发生什么大事故就麻烦了。"小王听后，连忙表示自己一定会注意，最后对方在小王的"微笑攻势"下消了火气。

威尔·科克斯曾经说过这样一句话："当生活像一首歌那样轻快流畅时，笑口常开乃是易事；在一切事都不妙时仍能微笑的人，才活得有价值。"我们的微笑，虽然大多数情况下自己都不能看到，但是别人却可以从你的微笑中看到你的自信和乐观。

康奈尔大学的罗伯特·克劳特教授曾经做过一项调查，为拍摄投球者的面部表情，他在保龄球道上安装了针孔摄像头。结果发现当人们投出好球、得到高分时，大部分人并没有像大家想的那样露出高兴的笑容，这样做的只有4%。得到高分之后转过头向同伴们展示时露出笑容的人，却高达42%。

这项调查充分说明，微笑在大多数情况下发挥的是一种交际功能，而微笑的交际作用非常有感染力，能够得到他人的积极回应。那么，我们在求人办事过程中，如何把握好微笑的分寸呢？

1.收放自如才能赢得好感

求人办事时，难免会碰到一些有趣的话题。这时你要适当地露出笑容，但要笑得既不过分也不做作，而且要表现出诚恳的态度。当然，你有时也会听到对方过于尖锐的批评或不合适的话，这时聪明的你不妨试着用微笑缓和一下气氛，从而为现场创造出轻松愉快的氛围。

2.笑着把事情一点一点地提出来

微笑着交流，能使社交的氛围变得轻松。即使是处理那种棘手的事情或是复杂的问题都会因笑容而变得轻松起来。

当你在办事过程中，难免会遇到一些难以言说或敏感的问题，要与对方进行协调时，就可以在对方心情舒适、笑容满面的时候尝试性地提问，把这个不容易被人接受的问题，在其怀着快乐轻松的心情时解决好。对于难以办成的事或难以解决的问题，一定要趁对方高兴时提，而且最好是在轻松快乐的气氛下循序渐进地提，这样才能提高办事效率。

3.必要时强装笑颜

强装笑颜在直性子的人看来很难，坦诚的人也不喜欢这样做。但是，有时却不得不这样做。在办事过程中，没有人会理解令你忧心忡忡、愁容满面的困境，反而会让人怀疑你有优柔寡断的缺点，从而影响你做事的效率。

把忧愁、烦恼留给自己，让别人感受到你的快乐心情和幸福。摆出一副快乐的样子，让别人感受到你的自信、你的活力以及你对生活的热情。在生活中，你也学一学卢浮宫里蒙娜丽莎的微笑，即使在不想笑时，也要展现出微笑，如此将会收获意想不到的效果。

不要忽略赞美的力量

心理学家在对情绪的研究过程中，曾对赞美的作用如此陈述："赞扬能使瘦弱的躯体变得强壮，能给恐惧的内心以平静和信赖，能让受伤的神经得到休息和力量，能给身处逆境的人以务求成功的决心。"

一位成功学研究专家曾经讲述过这样一个故事：

以前，我经常到政府机关去办事。大家都知道，以前的政府机关办事的效率是很低的。替我们办事的那些服务人员可能是每天面对的事情太多了，所以看上去非常疲惫，服务效率很低。我办一件事要跑好几趟才会有结果。

有一次，我又到那里去办事。这一次接待我的是一个小伙子。在办事之前，我先问了他一个问题："先生，你在这里做了多久了？"

"4年了，"小伙子连头都没有抬，有一搭没一搭地回答了我一句，显得非常不耐烦，"怎么？有什么问题吗？"

"是吗？难怪呢。"我故作惊讶道。

"怎么了？"小伙子白了我一眼，用非常疑惑的眼神看了我一眼。

"我经常到这里来，但是没有见过你。不过我今天在这里有了一个最大的发现：我发现在这个单位里，你是从头到尾最卖力气的那一个。"

其实，这并不算是我"最大的发现"。我"最大的发现"是当我说完这句话以后，那个小伙子的眼神马上变了一种样子，非常亲切，整个人像立刻来了精神似的，马上迅速办理我的事情。

我也趁机称赞了一句："像你这么有敬业精神的人，我真希望每次来办事都能遇到你。"

然后，小伙子在5分钟之内就给我办完了所有的手续。按我以往的经验，那些手续放在以前最少要跑两趟才能办完，然而那天只用了5分钟。

简简单单一句赞美的话使本来办不成或者不好办的事办成了。这就是赞美的神奇力量！这位成功学家的这次意外经历值得我们深思，不难发现，赞美的话最容易突破一个人的心理防线。我们在求人办事的过程中，如果能用好"赞美"这个利器，将会避免很多麻烦，可能会让我们在办事的过程中顺风顺水，达到自己的目的。

一家中餐馆中客人非常多，每一个服务员都面无表情，或者非常不耐烦地为食客们服务。当一位女服务员给01号桌的客人上菜时，女客人看着她，很诚恳地说："美女，你的头发太漂亮了。"

她抬起头来，有点惊讶，脸上露出了无法掩饰的微笑："哪里，不如从前了。"

女客人的朋友接着说："你看，人家中国姑娘就是漂亮！"

那个服务员高兴极了，红着脸轻声说："我是泰国人。"

这时，女客人又接了话："就是，我说还是泰国姑娘看着美！"

这时，那个女服务员笑出声来，表情可爱极了。自然，接下来她们的用餐环境也轻松了很多，每一个来为她们服务的女生，都得到了她们毫无掩饰的赞美。当她们离开时，这些被赞美的服务员走路都有点"飘飘欲仙"，并且整个餐馆内的氛围也轻松不少。

有谁不想在轻松的环境下生活，并且拥有愉悦的心情呢？不管是工作，还是休闲的时候，一句真诚的赞美，便能带给人愉悦之感。赞美虽只是一两句话语，却不可小瞧它的力量。那么，与人办事过程中，如何把握好赞美的分寸呢？

1.挑对方的独到之处进行赞美

有的人因为优秀，或是他所处的社会地位，常常能听到许多的赞美，已经对一般的赞美之词感到"麻木"了。这时，如果你想要让他对你的赞美留下深刻印象进而记住你，那么就要尽量使自己的赞美新颖一些，与其他的赞美有所不同，这才能显出你的眼光独到、与众不同，从而引起注意和重视。

2.具体而非笼统地赞美

赞美不一定要用华丽而笼统的语言，朴实却又具体的赞美更能俘获人心。如果可以就对方一个很小却很具体的优点给予适当的赞美，也许会比你用一些四字成语的溢美之词，更能收到好的效果。

3.赞美他人要选择适当的时机

你需要选择恰当的时机去赞美对方。当对方提及某个话题、讲述他的一段经历或者言谈中提到某个地点时，都有可能成为你赞美对方的"引子"。如果对方没有给你这样的机会，你可以自己做一个"引子"，目的是让自己的赞美不要太生硬和显得过于突兀。比如，你可以说："我常常在想，见到你的时候要跟你说说我长久以来对你的一些印象……"

4.采用适当的表达方式

赞美时不仅要注意你说了些什么，也要注意你采用什么方式去表达。你的用词、姿态、表情，以及你赞美他人时的认真程度，都十分重要。赞美时，你应该直视对方的眼睛，面带笑容，注意自己的语气，声音要响亮、干脆，切忌欲言又止、拖泥带水。如果情况允许，你还可以一边赞美，一边握住对方的手或是轻拍对方肩膀，以营造亲密无间的气氛。

5.赞美之词要得体

赞美的话要得体，而不是虚情假意地奉承。用词听上去要很自然，千万不要矫揉造作，否则不仅有可能收不到好效果，还会给自己招惹麻烦。

6.赞美要恰如其分、适可而止

赞美也要适可而止，如果赞美过度，就很容易让人对你的赞美产生怀疑。

7.赞美要真诚

每个人都希望得到他人真心诚意的赞美。英国研究社会关系的卡斯利博士曾经说过，大多数人在选择朋友时，都是以对方是否真诚来作为衡量标准。如果你不是发自内心地赞美他人，而是随意敷衍的一两句赞美的话，会让人立刻察觉出你的虚伪。那些毫无根据的赞美之词，也会让人觉得你别有用心，从而对你产生防范。

带上真诚去恭维对方

提及恭维，有人可能会马上与"阿谀奉承""巴结讨好"等字眼联系到一起，其实这是一种片面的认识。真诚的恭维，既是对他人的尊重，也能增进你们之间的情谊，从而提高办事效率。

许多心理学家证明：人一旦在心理上对你亲近，也就意味着开始认同你，态度自然会开始改变。所以说，如果你想获得对方的认可或者是获得他人的支持，请记得学会恭维对方，并带上真诚。恭维，会让你的话语更为甜美。

有一次，法国作家大仲马准备到全国最大的书店去了解自己的书的销售情况。书店老板得知消息后，决定为著名作家做一件让他开心的事。于是，他把书架上的书全部撤下来，只陈列大仲马的书。

当大仲马走进这家书店后，看到全是自己的书，大吃一惊，问道："其他的书都在哪里呢？"

老板赔着笑，说："别的书，我们全部卖完了。"

显然，这位书店老板不懂得恭维，拍马屁拍到了马蹄上。不难看出，拿捏好说恭维话的分寸，尤为重要。

晓敏在某家公司做人事经理，她在给新来的员工讲授沟通经验时，表示最重要的一条就是懂得适度恭维别人，尽量谈及别人的优势或者让别人感觉自豪的事情，这样能快速打开别人的心门，让别人更容易接受自己。这一条沟通秘诀是晓敏的经验之谈。

由于业务上的需要，晓敏经常要跟广州一带的生意人接触。有一个广州商人林小姐，人非常有气质，而且很有能力，但是她有一点不好，就是过于傲慢，不太把别人放在眼里。有一天，晓敏有事情需要跟她商谈，但是一看到林小姐傲慢的样子，晓敏就有点儿发怵，于是晓敏决定绕个弯子，换种方式和她谈谈。因为当时大家要一起去参加一个展会，所以晓敏主动走上前去跟林小姐打招呼。相互交换名片后，晓敏说："林小姐，您的名字真不错，一听名字就知道您是一个非常有气质、有修养的人，这名字里面肯定大有学问。"

林小姐有点儿惊讶地说："为什么这么说呢？我没觉得啊？而且我的名字很普通，全国应该很多人叫林曼玉。"晓敏笑着说："首先，您长得漂亮且气质不凡，跟'林黛玉'就差一个字，但是您避开了她的'缺点'，您看着很有活力。此外，您的名字跟明星'张曼玉'也只差一个字，您的美貌一点儿都不输于她。而且更为可贵的是您比较有能力，是我们这些人中的佼佼者。"

林小姐平日里自视清高的原因就是得意于自己的美貌和能力，而晓敏的话刚好"切中要害"，自己引以为傲的事情被人夸奖，自然喜形于色。之后，林小姐很快就和晓敏成了好朋友，她们成功地合作了许多项目。

恭维的话语会使对方在一开始就产生愉快的心情，有利于进一步的沟通。在对方心情愉快的时候，是非常乐意仔细了解你的需求的。只要你给对方留下了好的印象，对方一定会对你大为欣赏。

有一位生性高傲的经理，一般生人很难接近，他的冰冷常使人望而却步。有一个外地来的业务员听说了他的脾气，一见面就微笑着递了一支烟说："我一进门就有人告诉我，您是个爽快人，办事认真，富有同情心，特别是对外地人格外关照。我一听，高兴极了。我就爱和这样的领导共事，痛快！"经理的脸上立刻露出一丝笑容，接下去谈正事，果然大见成效。

这个业务员能成功让高傲的经理收起傲气，便得益于开头的那几句恭维话。因此，经理就不好意思冷落一个恭维自己的人，他在维护自我形象的心理支配下变得和蔼可亲。

每个人在生活或工作中都可以恭维别人，能做到恰如其分是需要技巧的。说恭维话一定要考虑到对方的职业以及兴趣爱好，这是应该特别注意的要诀。能做到这一点，你与他人良好的沟通就会具有坚实的基础。那么，我们在求人办事过程中，如何掌握好恭维的分寸呢？

1.态度要诚实

人总是喜欢恭维的话，即使明知对方说的是恭维话，心里还是免不了会自鸣得意，这是人性的缺点。换言之，一个人得到别人的恭维，绝不会觉得反感，除非对方说得太过分了。恭维别人最重要的条件，是要有一颗真诚的心和诚实的态度。

2.不要随便恭维别人

对于不熟悉的人，最好不要一上来就进行恭维。随着交流的深入，等你发现对方在哪一方面引以为傲时，再进行恭维不迟。最重要的是，恭维要恰到好处，不可滥用。

3.背后恭维效果更好

恭维时，要准确找出对方的"闪光点"，然后郑重其事地讲给第三方听。这个第三方必须是被恭维者所熟悉的人。这种恭维，通过第三方的口传递到被恭维者的耳中，对方会认为你是真诚的。

4.恭维的话不能盲目夸大

令人反感的恭维话，不仅会无形中拉远彼此的距离，更能增强对方的防范意识。如果不知收敛、反复滥用或过分恭维，就会让人产生厌恶情绪。所以恭维的话一定要说得诚恳，让对方听起来觉得是那么回事儿。如果不懂得恭维的分寸，让对方看出你盲目夸大、故意渲染，非但不利于你办事，反而让对方觉得你这个人不靠谱，不愿再与你交流下去。

说认同的话，对方才会帮你

我们通过聊天，不仅可以分享生活中的点滴，也可以向他人寻求帮助。但是，在这个信任危机的时代，即使是熟人，也可能会因为各种借口或理由拒绝我们的请求。所以，要想得到他人的帮助，首先要得到他人的认可。

战国时期，韩国派水工郑国去秦国活动，不想却被秦国抓获，准备处决。临刑前，郑国请求见秦王嬴政。秦国方面满足了他的请求，郑国脚上戴着沉重的锁链，被带到秦宫。秦王嬴政厉声问道："奸细郑国，你认罪了吗？"郑国说："没错，我是韩国派来的奸细。我建议您兴修水利，的确是为了耗尽秦国的人力财力，为韩国争取生存的时间，但对秦国不也大有好处吗？"秦王嬴政思考了一下，觉得此言不无道理，郑国又说："如今，关中水利工程已经接近完成，何不让我将它做完，以利万民呢？"秦王嬴政犹豫了一会儿，最后答应了他的请求。在郑国的指挥下，一项伟大的水利工程郑国渠终于建成了。

秦王嬴政是一个残暴的君主，能在他的刀下保住性命很困难，更不用说得到他的认同了。但郑国准确地把握住他的心理，赢得嬴政的认可，最终打动了他，不但救了自己一命，还完成了自己心中的伟大工程。

令狐绹是唐宣宗时期的宰相，他发现四川有个叫李远的官员，清正廉洁、博学多才，是个难得的人才，应该重用他。一天，令狐绹趁唐宣宗登高远望之际，向唐宣宗举荐李远担任杭州刺史。

唐宣宗却不同意，说："这个人整天酒醉棋痴，不关心正事，如果让这样一个人管理杭州，岂不是对不起朝廷，害了百姓！"令狐绹说道："陛下，这话从哪里听来？"唐宣宗说："他不是在一首诗里说'青山不厌千杯酒，长日惟消一局棋'吗？如此玩世不恭的态度，怎么能够治理好杭州呢？"

令狐绹又说道："陛下说得有道理，一个整日饮酒下棋的人，是不配担任重任的。"看到皇帝脸上露出同意的神色，令狐陶接着说："不过李远只是作诗而已，只是想借此表达自己的高雅，其实他并非如此之人。"唐宣宗说："你说得不对，古人早就曾说过'诗言志'，他既然能写出这样的诗来，就必然有这样的举止！"

令狐绹连忙说："陛下，李白可是著名的诗仙，他曾经有一首诗说：'太白与我语，为我开天关。愿乘泠风去，直出浮云间。'若非仙人，何能如此？"唐宣宗笑道："哪有这回事，只是写诗而已。"令狐陶马上接着说道："陛下明察，李远也只是写诗而已。"唐宣宗这才醒悟过来："好吧，就让他去杭州试试吧。"

这里，令狐陶先直接劝说，唐宣宗不听，然后令狐陶假装恭维，取得唐宣宗的好感。话题一转，说出真实情况，唐宣宗立即反驳。令狐陶找到原因，通过诵诗引发争论，抓住唐宣宗的自我否定的观点，赢得唐宣宗认同，也就实现了推荐李远的目的。

我们在与人聊天时，要想得到对方的帮助，应该怎样把握好分寸，从而取得对方的认同呢？

1.给人以舒心的感觉

想要得到他人的帮助，必须先让他人喜欢你，认可你。要做到这一点，必须要做到的一条就是要有一种令人舒心的态度，脸上挂着微笑，举止轻盈。不管你内心中是否对别人有好感，但如果对方从你的脸上看不到一丝快乐，那么谁也不会对你产生好感。

2.抓住对方的情感弱点

要想获得他人的帮助，你就要懂得针对别人的"情感弱点"，与别人产生共鸣。只有这样，你的求助才能有效果。其实一件事情，能做的人很多，但智力水平很高的人往往却做不成，原因在于他们过于依赖自己的智慧，而忽视了对方的感情。

3.提升自我价值

要注意自我修炼，提升自我价值。尽量靠近对方的价值阶层，得到对方的认同，对方才会比较容易地满足自己的诉求。价值悬殊，是很难得到对方的认同的。因此，请不要忘记提升自己，并将其作为自己人生大的首要信条，丝毫不要懈怠，终身学习，不停成长。

主动向对方展示你的价值

请求别人的帮助一定要遵循"互利互惠原则"，如果对方看不到你的"价值"，又怎么会轻易帮助你、支持你呢？人与人之间的交流大多遵循平等互利原则，如果拿不出相当、对等的交换物，你与他人的关系维持起来就比较困难。让对方看到你的"价值"或者"潜在价值"，对方才有可能帮助你，以期日后能够得到你的帮助与支持。

我们在日常生活中经常可以看到，一些"寻物启事"往往最后写着"必有重谢"等，这就是利用人们的互利互惠心理：你把捡到的东西还给我，那么你将获得荣誉和酬谢；一个人在求助别人时往往会选择先送一些礼物，无非是想以此打动对方，虽然欠的人情或钱最终都要还；谈合作时，处于劣势的一方往往要提供更大的优惠回报对方，这些遵循的都是平等互利的原则。在多方贸易或合作时，这种原则体现得更加明显。

求助别人，以期让对方因为怜悯你而帮助你，就不够高明，而且无利于对方的事对方也不一定愿意因为怜悯而帮你。让对方看到因为帮助你可能给自己带来的好处，看到你的"价值"，才可能乐意帮你。

《烛之武退秦师》是一篇许多人学过的文章，讲的是晋文公和秦穆公联手围攻郑国，烛之武凭借一张巧舌，就让秦军撤退的故事。烛之武的说服策略是什么呢？他见到秦伯，先说："秦、晋合兵攻郑，郑国快要灭亡了，但我不是为了这件事来打扰您，而是为了秦国的前程啊！"接着说："郑国灭亡实在对秦国无益，反而对秦国有害啊！郑国在晋国的东面，而秦国在晋国的西面，秦国与郑相隔千里之远，中间有晋国阻隔，您能够从灭郑中得到一寸土地吗？灭掉郑只会给晋国增加土地。邻国的势力强大了，您秦国的势力也就相对减弱了，稍有头脑的人都不会做出这样对自己无利的事情。"

接着，他又说出了晋国的扩张政策："总是把对外吞并作为自己的国策，今天在东面灭了郑，明天就会西进，西面就是秦国啊！"又举出不久前，晋国借道虞国消灭虢国，但最后，虞国也没有能够保全，晋国反手一击就灭掉了虞国的例子。秦国这次的做法又与虞国有什么区别呢？结局又会有什么区别呢？

然后，烛之武提出了对对方有利的条件，希望与秦国缔结盟约，归顺秦国。如果秦国在东方有事，郑国会全力相助，并愿意作为秦国的"外府"。两国团结起来，没人敢欺负。一番话说得秦伯心服口服，于是便与郑国订立盟约，然后撤了军。

春秋战国时期的纵横家，多数是利用诸国间的形势来进行结盟或攻伐分化的。怎样才能让一个国家愿意出兵或者收兵呢？礼物已经不是最佳的方法，共同的利益、对于国家强弱的分析和互利互惠的关系才能够真正打动人心。

在请求别人帮助的时候也是如此，如果你能够分析清楚共同面临的局面，让对方看到你的"价值"，即使你不请求他的帮助他也会主动帮你。尤其在多方合作与竞争的情况下更是如此。

你一定听说过刘备借荆州的故事吧！荆州是军事要地，原来有八郡，赤壁之战之后，魏、蜀、吴三分荆州：曹操占有南阳、襄阳两郡；孙权控制南郡、江夏两郡；刘备拥有武陵、长沙、零陵、桂阳四郡。那么，孙权为什么要把自己的两个郡借给刘备呢？因为他需要刘备与东吴一起抗衡曹操，一方面让刘备充当抗曹的战略屏障；另一方面以此向刘备表示友好。如果不是刘备本身具有的兵力和权势能够帮助东吴，做东吴的战略屏障，孙权怎么可能放任刘备壮大还帮助他呢？

看看自己有什么长处、有什么资源是别人没有的，找到自己的价值，然后用这种价值去换来别人的帮助，既不会落于人下，又可让人情愿帮助你，这才是上乘之策。

付出后，不期待回报

帮助他人，本身是一件有利于双方的事情，既可以增进彼此的感情，也可以提升自己的形象，获得别人的好感。但是，如果我们把帮助他人当作一种对他人的恩惠，并且经常提起这种恩惠，就会起到反作用。被帮助的人会感到不舒服，其他的人也会对我们产生不好的印象。

不久前，李凯家里出了点事，急需一大笔钱，他只好向单位里的同事张斌借了两万块。可是，从那以后，李凯的烦恼就开始了。原来，张斌总是会在别人面前说起自己借钱给他的事。没过多久，公司里的人都知道了这件事，李凯感到非常难受。

有一次，公司里的同事一起吃饭，李凯和张斌也去了，饭桌上大家喝得很热闹，不停地敬酒。张斌的酒量不怎么样，就请李凯帮忙挡酒，李凯开始也乐意帮忙。可是，李凯挡了两轮后，其他同事就不高兴了，说张斌不应该让李凯帮忙。张斌反驳说："我和李凯是兄弟，他帮我挡酒有什么不行？"

原本，李凯听到这里还挺开心，没想到，张斌接着说："再说了，我还借给他两万块呢！"李凯一听这话，当时就脸色一沉，心里很不舒服，聚会一结束就一个人走了。后来的几个月里，李凯靠吃咸菜过日子，用最快的速度攒齐了两万块，还给了张斌，他对张斌说："兄弟，你的钱我都还你了，还有利息也一起还了，不会亏待你的。"张斌这才意识到，自己的话不小心伤了李凯的心。

很多人也像张斌一样，总期待别人记住自己的恩惠，然后回报自己，好像帮了别人一次，别人就得感谢他一生一世。这样的想法实在是不对。我们要明白，帮助别人并不是对别人"施舍"，而是一种发自内心的行为，应该建立在"我想这样做"和"我愿意这样做"的意愿上。带着让别人记住自己恩惠的心态去帮助别人，会让我们的善意和帮助都失去真诚，对被帮助的人来说，也会觉得你有所图。

当然，帮助别人得到感谢和回报也是很正常的，但是感谢的话应该由被帮助的人来说，帮助者不应该把"恩惠"挂在嘴边，经常拿出来炫耀和提醒别人。帮助了别人，就要把这份"恩惠"放下。就算放不下，也不要老是说起。因为，我们每强调一次自己对别人的"恩惠"，对方对我们的感激就会少一分。久而久之，对方欠我们的人情就会被逐渐抹去了。

我们周围有很多喜欢把对别人的"恩惠"挂在嘴边的人，他们在帮助别人之后，总是在对方面前表现得高高在上，把自己的帮助挂在嘴边，强调自己的付出，期待对方能给自己厚重的回报，也期待自己能得到好声誉。在这样的人心中，接受他帮助的人都是低自己一等的，否则就是忘恩负义。

他们却没有意识到，把对别人的"恩惠"常挂在嘴边，就是在精神上"收高利贷"，会给别人带来巨大的精神负担。我们应该吸取教训，拒绝这样的行为。这么做不仅得不到感谢，还会对自己的形象造成不好的影响。把"恩惠"挂在嘴边的行为，就是白白浪费力气，劳而无功。

帮助他人不应该变成"施舍"，也不应该心存"我是你的恩人"的想法。小说《灵魂的枷锁》里面有这样几句话，让人深有感触："毁掉这孩子的不是他的软弱，而是援助者的援助。当援助成为施恩与恩赐，它不再是救人于水火之中的方舟，而是束缚灵魂的枷锁。"

当获得帮助变成受到恩赐和施舍，那种受人恩惠的屈辱感就会成为灵魂的枷锁和一生都无法偿还的精神负担。这样的帮助有什么意义呢？有的人也许不是存心挟恩索报，而是随口而出，想到什么就说什么，用自己的"恩惠"来逗乐对方或者以此来炫耀自己的本事。

他们或许没有恶意，也没有其他的目的，但却没有意识到自己的行为会伤害对方。一个人在向别人求助时，心理上其实已经处于弱势，心灵也会变得敏感而脆弱。这个时候，哪怕无心提起的"恩惠"，他们听在耳中也会产生恶意和屈辱感。所以，我们在与帮助过的人相处时，要特别注意自己的语言，不要总是强调自己对对方的帮助。

一个明智的人，在帮助过朋友之后，就会立刻把这件事忘掉，绝不会再提起。就算对方真的已经忘记了，也不会旧事重提。我们也应该做一个这样明智的人，就算对方真的忘恩负义，我们默默离开就可以了，不要拿着恩惠去和对方理论。

恩惠这种事，总是强调，反而会让它的价值降低，给对方的感觉也越冷淡：再动听的话重复一百遍就成了空话，"恩惠"也是一样，提的次数多了，再大的"恩惠"也会变成累赘和束缚。我们给朋友提供帮助以后，就应该把这件事放下，有心的人自然会把我们的帮助铭记在心，至于那些不知感恩的人，无论我们怎么不断提醒，都是无用的。

第七章　换位思考
站在对方的立场上为对方着想

换位思考是人对人的一种心理体验过程。

它客观上要求我们将自己的内心世界，

如情感体验、

思维方式等与对方联系起来，

站在对方的立场上体验和思考问题，

从而与对方在情感上得到沟通，

为增进理解奠定基础。

多点体谅，少些要强

20世纪六七十年代，文化教育水平普遍低下，教育资源贫乏，许多学生即使很优秀，也得不到足够好的文化教育。在许多地方，那一代人的普通话都十分不标准，带着浓重的地方口音。但这并不代表他们不努力、不优秀，而是他们受限于时代的社会生产条件。

如今的年轻人大都能说一口流利的普通话，也能够轻松通过互联网新媒体增长见识，但这并不代表年轻人与老一辈作对比的时候就可以有优越感。两代人的区别，主要是因为客观存在的环境因素导致的。

每个时代都有每一个时代的不同之处，如果具体到人，那就有更多不同了。

人生如白驹过隙，与其因为要强，大家争得面红耳赤，不如坐下来好好地谈一谈，珍惜合作的机会，以抓紧时间取得共赢。而争吵，往往会浪费更多的时间。

多点体谅，少些要强。一个团体的合作发展需要如此，人与人之间的交往更要如此。不是每个人的智慧都如你一样，也不是每个人的能力都如你一样。

也许有时候你能够轻松完成的一件事，对方却要花两倍、三倍甚至更多的时间和精力才能完成，甚至做得没有比你好；也许一千块对你来说不多，但对于有些人来说，那却是他们三个月的生活费；当遇到需要捐赠的时候，你捐出一千块，只是这个季度少买一件衣服，而他们捐出五百块，就意味着他们要省吃俭用省下一个月的生活费。这时候，你就不能再去苛责他们了。

很少有一直一帆风顺的情谊。人与人的关系难免有些曲折，有些磕磕碰碰。如果相互之间能够体谅对方的苦衷，不因为好强而纠缠于某一件小事上，那么这份情谊就容易历久弥坚；如果不去体谅，过于要强，你们的关系则很难长远。

人际交往中，如何才能更好地做到"多点体谅，少些要强"？

1.保持谦虚，不要自负

要强与自负只有一线之隔，一旦过于要强，就与自负无异，讲话做事便容易伤人。因此要想做到少要些强，最稳妥的方法是保持谦虚。

多自省，正确认识自己，了解自己的不足。把眼光放远，把比较的对象放在行业的精英身上，胜不骄、败不馁。

时刻记住"人外有人，天外有天"。每个人都有自己的优势，不要随意看不起别人；也不要因为自己过往的成绩而自满，无论从前取得过多大的荣耀。凡是过往，皆为序章。人与人的差距有时说小不小，但说大也不大，大家都是沧海一粟，时间飞逝总在不经意间。也许你不久前还是站在事业的高台上俯视对方，眨眼间却发现对方爬上了更高的台阶，你从俯视者变成了仰望者。

唯有谦虚，才能让你保持上进的专注力。

2.把精力用到合适的地方

很多时候，争强好胜、不愿体谅别人，是精力过剩的表现。

过剩的精力，运用在社交当中往往容易用力过猛。正如大禹治水，也是宜疏不宜堵的，如果你觉得有时候浑身干劲充沛，非常争强好胜、乐于抬杠，那你应该试着把充沛的精力引导到合适的地方，运用到正确的活动当中。最常见的就是激烈运动类的活动，如篮球、足球、自由搏击等运动项目，这些项目都能够宣泄你的激情。在给予你快感的同时，又可以强身健体，还不会伤害到人际关系，可谓一举三得。

3.增长见识，放宽眼界

一个人不懂得体谅别人，常常是因为他难以理解对方的做法，难以理解对方的苦衷。没有理解，自然也就不能包容、体谅。

"理解"是一个老生常谈的词语。但在社交当中，它却是一个永远不能忽视的关键点。要做到对朋友多点体谅，就要从学会理解开始。提升理解力最有效的办法，便是增长见识。

虽然说人各有志，有的人喜欢独守一方天地，有的人却喜欢浪迹天涯；有的人进入社会后喜欢找一份安稳的工作，有的人却喜欢到处跑的工作。但是阅历这东西，总是要见识多了才能更加丰富。你见的越多，懂得的越多，就越容易理解人们的各种苦衷和难处，越能够包容他人不知情的唐突，也越会处理事情，应对突发情况。

一个人的气质里，藏着他走过的路、读过的书。没见过天有多高、地有多厚，当然很难把事情处理得尽善尽美。当你见识增长，眼界放宽，自然而然就能做到多体谅，少要强，也就拥有了从容自若的气质。

告诉他"你一定行"，哪怕只是安慰

要想让对方痛快地答应我们的请求，心甘情愿帮助我们，最好是对方能将这件事情视为小菜一碟，绝对可以胜任。可是如果对方会认为事情难度大或者因为其他原因，态度不是很明朗，那么此时你要做的就是用自己的言语和态度去影响对方。告诉对方：你一定行！让对方自信，产生解决问题的动力。

心理学中有一个名词叫"有效的期待"，意思是说，大多数人的天赋与才能都深深地潜伏着，需要外界的各种因素激发出来，而期待、鼓励、支持、赞扬等这些积极的外界因素，往往更易激发身体中的潜能。这种外在的因素便是"有效的期待"。

戴尔·卡耐基也曾经说过："大多数人的体内都潜伏着巨大的才能，但这种潜能是酣睡着的，需要被激发。一旦激发，人们便能做出惊人的事业来。"所以，当你想要让对方胜任某个角色或者为你做某些事情的时候，就要多多给予他正面的激励和评价。做过人员管理和培训的人都知道，越是说一个人行，那么这个人的表现就会越来越好；相反，你越是说一个人不行，那这个人的表现就很有可能越来越差。当然，个别心灵强大的人会有例外的表现，但大多数人是会受到这种心理暗示的影响的。

现在，请你想象一下。假如你是一名销售经理：以下哪种场景会更令你的下属对自己和未来充满信心呢？

场景一：

这次销售业绩排名最后的是小杨，她不好意思地走到你的办公室，你越想越生气，开口就说："小杨，这次你的业绩排名垫底！"小杨一脸抱歉，心里百般滋味。你也觉得无话可说，最后让小杨自己回去好好想想。

场景二：

这次销售业绩排名最后的是小杨，她不好意思地走进你的办公室，你心里对她的业绩不太满意。便开口说："小杨，这次你的销售业绩排名垫底啊。"小杨刚要说"对不起"，你赶紧说："没关系，不用太在意一次的成败。只要扬长避短，我相信你以后肯定会成为一个顶级销售员的。你的口才很不错，只是一开始分配的营销区域你还无法适应而已，下次你的业绩肯定会追上来的。"小杨满怀信心地走了，回去后开始认真思考自己哪里做得不好。

很显然，在两个场景下，场景二中"你"的话语是更能激励到对方的。但是现实生活中，很多人却任性地做着场景一中的事情，让对方失去积极行动的自信。

当一个人的生长环境中充满负面评价时，人的内心深处会习惯性地受到负面信息以及负面评价的影响，进而顺着这种信息，做出对自己比较低的评价。一旦生活中有了挑战，首先就感觉自己应付不来。

要想他人充满自信地帮你做事，你需要的是不断激励对方而不是不停批判。激励是使别人积极主动地做你希望他们做的事的艺术。所以，生活中做一个懂得激励他人的人，会更易于影响他人向着你所设想的方向发展，进而帮助你。

公司新来的建筑师安德毕业于某知名院校建筑系。初来乍到，他生怕什么地方做得不好。然而越是紧张越觉得诸事不顺，一连交出的几张建筑设计图纸都没有通过。公司决定让老工程师哈森带一带这个小伙子。哈森有着多年的建筑经验，由于前几次的失利和上司的批评，安德在哈森面前毫无自信，不仅没有继续设计图纸的计划，反而表现出想要放弃的意思。

得知安德是因前几次自己的设计总是达不到要求，才变得如此不自信，哈森便真诚地鼓励安德："你的设计我都看过，非常具有创新精神。如果再将细节做得合理一些，我相信你一定可以成为一名出色的设计师。"安德被哈森的话感染了，从此不再怀疑自己，渐渐走上了成为"著名设计师"的道路。

　　积极、正面的语言，能够激发对方的无限潜能，从而有效地影响他人，使对方更好地为自己服务。正面激励影响越大，心态表现也越积极，从而使行动表现得越来越积极。哈森正是利用这样的方式，成功地影响了新来的设计师，使其更好地为公司工作。

　　激励他人是激发其行动的最有效措施。如果没有这种激励，心理便没有发展的动力，当然也就谈不上行动了。如果你想向他人施加影响，首先要学会肯定对方，使其内心深处产生强大的动力，从而使对方向着你所设想的方向发展。

再亲密的人也有自己的隐私空间

武玥和余斌通过相亲认识，双方在见了一次面之后，决定进一步了解。

两人离正式确定男女朋友关系，显然还有比较长的一段距离。但是这时候，武玥却按捺不住了，开始像审问一样问了余斌各种自己能想得到的私人问题，还去翻遍余斌的微信朋友圈，甚至托朋友去查余斌的感情史。

更有甚者，每当武玥发现余斌的朋友圈里有女性的照片，但凡好看一点的，武玥都会追问余斌和那个女性是什么关系，甚至还用各种奇怪的方式测试余斌。

渐渐地，余斌对武玥的好感度开始下降。不久后，两人之间发生了冲突。

那一天，武玥忽然向余斌发脾气。原因是她看到余斌最近与同事的集体照中，有一个女子和余斌靠得很近。武玥托朋友去打听下，朋友回复给武玥一个模棱两可的坏消息，说："那女的是余斌的同事。听说余斌之前和那个女同事好像走得比较近，似乎在追那女子哦。"因此武玥认为余斌"脚踏两只船"，便找上余斌，怒骂余斌是"渣男"，责问余斌是不是要把她当备胎。

余斌一听，顿时觉得武玥这脾气发得真是莫名其妙，自己实在无辜。且不说自己和那位女同事并没有超乎寻常的关系。何况，即使他和女同事有非一般的关系，也没有什么好责备的，因为他现在和武玥并没有确定男女朋友关系，既然还没有确定关系，追求什么人就是个人的自由，既不违背道德也不违反法律，所谓"脚踏两只船"的说法根本就是无稽之谈。

当然，武玥莫名其妙地发脾气，还不是最令余斌生气的。最令余斌生气的，是他认为武玥这样刨根问底儿地查他，对他没有足够的尊重，侵犯了他的隐私权。

　　余斌立刻选择和武玥不再继续联系了，他们两人的相亲也就此宣告失败。武玥后知后觉，察觉到自己做得过分之后，赶忙向余斌道歉。但余斌对她的好感已经消磨殆尽，不再肯与她继续发展。

　　再亲密的人也该有自己的隐私空间，况且是连情侣都还不算的关系？

　　武玥看上去是一个控制欲很强的姑娘，可是她显然没有认清自己的身份。对自己与余斌的关系失去判断力，肆意地窥探并侵犯了余斌的隐私空间，对余斌的逼问与责怪，更是使她在这段交往当中显得无理。

　　一个人如果懂得给予对方隐私的空间，那么他自然也会获得更多的尊重。

　　读大学的时候，张明有一个铁哥们儿阿英。阿英出生于书香世家，可能也正因为如此，在大学的几年里，张明与他在一起的日子总能感受到他极高的个人修养。他做事处处有分寸，特别是在与好朋友交往的时候，他特别注意给对方保留隐私的空间。

　　那时候，在宿舍里，阿英和张明最要好，无论是上课还是出去吃饭、打球、娱乐，张明与阿英几乎形影不离。

　　大男孩走得太近，难免会发生矛盾，但张明与阿英却是例外。

　　那几年的大学时光里，张明和阿英连争吵几乎也没有发生过。这最主要还是得益于他们两人相互之间对彼此的尊重，即使走得再近，他们也没有失去分寸。

　　比如他们聊家常的时候，可能无意间涉及对方的一些尴尬问题，但是只要他们发觉了不妥，就不会再继续追问下去，而是会主动地跳到其他的话题上；张明每次接听电话，阿英如果发现他是在跟家人或者女朋友说话，就会回避，自觉离张明远一些。

　　这样的相处方式，使得他们既可以亲密无间，又给予了对方足够的隐私空间，彰显出彼此都对对方有极高的信任与默契。非常亲近却从不冒犯，如此友谊便越来越坚固。

　　美好的关系往往都是有边界的。即便如胶似漆，也应该给予对方独立的隐私空间。

　　在社交中，人就如聚集取暖的刺猬，离得太近会扎到对方。每个人都难保自己偶尔会有些坏情绪，会有些难以启齿的隐私，如果大家离得太近，没有界限，没有给彼此留出一点隐私空间，那就说不准在什么时候会被对方的刺伤害到。

保持适当的距离是对双方的一种尊重，也是对双方的一种保护。再亲密的人也该有隐私的空间。因此，你需要牢记以下几点：

1.保留外在层面的隐私空间

外在层面的隐私空间指的是客观存在的、肉眼可见的空间。即便是很亲密的人也需要保留一定的外在层面隐私空间，不一定需要时时刻刻在一起。有些人生怕一不小心就会失去与自己关系亲密的朋友，在有条件的情况下，他们时常会要求他们的朋友与他们一起去参加某种活动，或者在进行某种活动的时候与他们坐在一起，等等。

其实这些要求，有时是非常没有必要的。特别是在彼此的思想都还不够成熟之时，如果过分追求空间上的亲密，往往会导致一些不必要的问题发生。就像握在手中的流沙，你抓得太紧，有时候反而会很快失去。况且，两个人经常黏在一起，也不利于双方的自我发展。

每个人的特点往往都不一样，都需要一个独立的、适合自己的空间，才能更好地发展。那个空间既保留了自己的隐私，也保留了自己主动选择与改变生活的机会。

如果只是一般朋友，那更应该给予对方隐私的空间，没有人喜欢身边人像一个监控器一样时刻关注着自己的隐私。

2.保留内在层面的隐私空间

内在层面的隐私空间指的是精神和心理上给予对方的一种包容和自由，不要逼得太紧，不要在精神上过于严格要求对方，形成对对方的心理压力。比如你的朋友有一次和你见面的时候，闷闷不乐。你问他有什么心事，他却不肯说。你这时候如果认为他把事情藏着掖着，是他没把你当成朋友的表现，由此严厉指责他，这就是在精神层面上给予了对方过于严格的要求了，这样很容易会让对方产生心理压力，影响你们之间的正常交往。

每个人都有自己的秘密，他们并没有必要，也做不到，把每一件事都对朋友悉数说出来，我们也没有权力要求对方把他们的秘密讲述给我们听。

有的时候，在他们需要帮助的时候，我们只需要尽自己的能力去帮助他们，等待时机到来，我们想要知道的，他们自然会跟我们和盘托出。

3.给予信任，别轻易猜忌

不肯给予对方隐私空间，经常是因为我们不够信任对方。如果我们能够给予对方足够的信任，那么这些问题就能够迎刃而解。

那么，如何才能做到给予信任，并不轻易地猜忌对方呢？

这就需要我们在遇到问题的时候冷静地去分析事情背后的原因，同时也认清自己与对方的关系定位。在固定的关系下，事情的发展如果偏离你的意料，大多是因为对方有一些你不了解的苦衷与缘由。另外，交朋友的时候一定要谨慎，识人不明、交错了朋友，你给予再多的信任也无济于事，甚至可能会被对方背叛。当你谨慎地选定了与一个人建立朋友关系之后，就应该意味着你对对方有了足够的了解。若不是有其他的特殊原因，你给予对方信任是情理之中的事情。

有一种道德绑架叫"我为你好"

徐婉与周武爱情长跑数年，终于喜结连理。

朋友们都十分看好这对新人。但是大家都没想到，徐婉与周武结婚不久就闹了离婚。

离婚是徐婉主动提出来的，周武说一千道一万都不情愿，他觉得自己很委屈，自己从认识徐婉开始到如今结婚，事事为她着想，对她越来越好，现在她居然要跟自己离婚？

了解了事情的原委后，人们明白了其中的原因。

周武在一家国企上班，工资稳定，俗称"铁饭碗"。而徐婉是一名房地产销售，销售业绩时高时低，收入并不稳定，虽然好的时候能够连续几个月拿到五位数的提成，但业绩差的时候，薪水就低得可怜。

新婚不久，周武便开始"指点"徐婉的工作生活。首先，他觉得销售的工作太奔波了，认为徐婉应该换一份安稳的工作，比如公职人员。但是徐婉却喜欢有挑战性的工作。她觉得太安稳的工作没有什么意义，一眼就能望到头。

两人为此争辩过不少次，但无论什么时候，周武嘴边都带着这样的一句话："你听话，相信我没错，我是为你好。"

除此之外，周武还干涉徐婉平时的生活习惯。譬如在徐婉看电视剧的时候，周武会说："别看这些无聊的电视剧，你多花点时间去看看书不是更好吗？"如果徐婉生气，周武会说："我这是为你好，你要理解我。"

他甚至连徐婉的审美取向、穿衣风格都要"指点"，比如：

"你不要穿超短裙，太暴露了不好看。"

"多穿几件衣服，搭配起来才有层次感。"

"这种红色不适合你，你怎么老是选这种颜色的口红呢？"

徐婉也是一个成年人，她有自己的审美，有自己的思想，有自己的打算，却总是遭受周武的指指点点，强加观点给自己，强行约束和改变她。

徐婉多次与周武争辩无果，最终受不了周武，决定与周武离婚。

这一切，全都是因为周武的"我为你好"而起。

只考虑自己的想法，不考虑对方的感受，与其说是为了对方好，不如说是为了满足自己内心的想法，意图将对方塑造成自己所想要的样子。

这更像是一种高压型控制，太过自私。

这样的"我为你好"，如果对方接受了，那么对方将长期生活在你的否定和纠正当中，无形中对她的人格造成了伤害，让她变得不够自信；如果对方不接受，那么双方的关系就可能如徐婉和周武一样出现不可弥补的裂缝。

小李带着一身的疲惫下班，挤上了公交车之后，他幸运地找到了一个位置坐下。

一对母子跟在小李后面上了车，其中的小孩子似乎是想找地方坐，抓着小李座位的扶手，叽里咕噜地乱嚷嚷。

小李劳累了一天，此时也十分疲倦，但他看到小孩子在闹，便打算把座位让给小孩。可是就在小李准备起身让座的时候，小孩子忽然打了一个大喷嚏，喷了小李一脸的口水！

小孩的母亲是一个中年妇女，她望着窗外，似乎对她眼皮底下发生的一切毫不知情：而小孩显然很不懂事，他看到自己的口水喷到小李的脸上后居然还哈哈大笑。

小李有点不高兴了，不过他毕竟是小孩子，也不好意思计较。小李便伸过手，打算摸摸那个小调皮的脸蛋，教一教他下次别对着别人的脸打喷嚏。

谁知刚一伸出手，"啪"的一声脆响，小李的手被妇女重重地打了下去！

那妇女打小李的时候，眼睛还是对着窗外，但显然她用余光注意着跟前的一举一动。

小李立时气不打一处来，自己原本打算给他们让座，没想到他们却是这样的人，小孩不懂事也就罢了，做母亲的也这么不懂事，自己家小孩喷了别人一脸口水，还一句道歉都不说！

他立刻站起来责备妇女。

那个妇女不是善茬，她对小李破口大骂，两人当场吵了起来。

这时一个老人劝小李说："小伙子，行啦！别再争啦，你也没损失什么，不过是沾了点口水嘛。小孩不懂事，算啦！"

小李据理力争："小孩不懂事，大人难道还不懂吗？她知道扇我的手，不懂替她儿子道歉？"

老人道："我是为你好！你跟一个女人和小孩较什么劲，回去洗洗脸不就可以了吗？"

妇女在旁边听老人这么一说，仿佛得到了助力一般，顺势埋怨小李小器，不像个男人。小孩见状，笑得更大声了。

小李明明是受到冒犯的一方，如今反而成了"被围攻"的一方。

此刻车上的另一个女孩子站了出来，对老人说道："你为他好，为什么不帮他说理，反而要阻止他，纵容低素质的行为呢？难道女人和小孩就可以随意在别人脸上吐口水吗？如果是你，你被人吐了口水在脸上，就不能斥责对方，只能回去自己洗脸吗？"

女孩将心比心，随后又以自己也是女子的立场说了妇女一顿。

老人顿时语塞。而妇女本就理亏，此时虽然还是不肯向小李道歉，但也不敢再和小李说理，兀自脸色铁青地低下了头不说话。

这世界上无论是什么地方，总有许多人喜欢站在道德的制高点以最高的要求去指点别人，却没有考虑对方的处境和感受，然后自我标榜为"我为你好"。

小李遇到的那个老人就是那种人。老人的"我为你好"，强行让小李大度、不计较，与其说是一种善意，不如说是一种站着说话不腰疼的道德绑架。

而那位站出来为小李说话、为正义申辩的女乘客，才是真正的"我为你好"。这样的"我为你好"，在帮助到小李的同时，亦能够为其他人带来正面的影响，制造社会正能量。放在社交层面上，没有人不喜欢与女孩这样的人交朋友。

在交往中，我们应该如何才能做到避免出现道德绑架式的"我为你好"？

1.放低姿态，不要认为自己高人一等

道德绑架式的"我为你好"，通常是以自以为是的指点和说教的形式表现出来，这与人的心理姿态密不可分。谦虚低调有涵养的人，很少会出现蛮不讲理、不考虑对方的指点言论，出现这种行为的人大多是对自己的定位较高，或许认为自己比对方阅历多，或许认为自己能力比对方强，总而言之，必定有某一方面，他们认为自己高人一等，足以安排别人如何做事。

这里面的"原罪"，就在于那些人的姿态没有放低，心态没有摆正。

且不说人并没有三六九等之分，也就不存在高人一等之说，即便人分三六九等，正所谓"智者千虑，必有一失"，圣人也难免有失误，你又如何保证你的想法就真的切合对方的实际需求和所面临的问题呢？

如果你的"指点"伤害了对方，往后又如何才能弥补？

每个人都有权力决定自己的生活方式，只要不违法犯罪或违背道德，其他人无权过问。

把姿态放低，不要认为自己高人一等，这是在社交当中避免出现道德绑架的先决条件。

2.先接纳再理解，最后做出决定

与朋友交往，在倾听别人诉说的时候，要先把你自己的观点放下，以免出现偏见，虚心接纳朋友的观点，然后以朋友的处境为立足点，设身处地地去理解对方。因为，理解才是沟通的最佳桥梁。当你理解朋友之后，再把你的观点与建议告诉朋友，不要武断、不要强迫，要保持客观理性，对方是否听取你的意见去做，由他自己来决定。

这样一来，不用你再亲口说"我为你好"，朋友自然也懂得你是在为他好，而这样的"好"也是没有道德绑架的。

3.少说多做，让你的善意更有效

除了一些特殊的职业之外，在日常工作中，我们都不喜欢只会逞口舌之能，却不肯脚踏实地办实事的人。在社交当中也是这样，只会说不会做的人，只会被当作闲聊时打发时间的普通朋友，如果你有为朋友好，为他做出指点建议的想法，那么你就应该少说多做。

比如你看到一个同事进领导的办公室很冒失，直接推门进去，你为了他好，跟他建议下次要敲门，等领导回应了，再推门进去。很多人听你这么一说，都会懂得你是为他好，这当然不是道德绑架。但有的脾气过于"耿直"和急躁的人，或者从小没怎么注意这方面礼仪的人，可能有时不太接受你的建议，你说了很多次他都没听。

如果你继续说下去，他可能会觉得你烦了，甚至会曲解你的善意，认为你是用你"虚伪做作"的世故礼仪来约束他。

如果你少说多做呢？提醒的话不用重复太多遍，点到即止。然后多站在对方的角度去考虑具体的问题，重点放在"做"上，通过行动给予对方更多的支持和指引。既然对方觉得你的建议不对，不听你的建议，那你不妨做给他看，下次示范一下先敲门等领导回应再进去，让对方感受一下领导对他的态度有什么不同。将善意付诸行动，更容易让对方感受得到。

此外，"少说多做"指的不仅是在你给予对方建议的过程，也包括在你给予对方建议之后，对方不肯听取导致犯错，你同样应该少说多做。很多人喜欢在事前跟朋友说几句指点的话，等朋友不听他们的建议，出了错的时候，他们就批评对方不听自己的建议，说："你看看，不听我的话，搞砸了吧。"这样的做法有的时候会让朋友感觉不到你的真诚好意，反而可能会觉得你就在等着看他的笑话。

朋友不听劝搞砸事情的时候，你应该向他们伸出援手，先帮他们解决问题，待他们脱离困境后，再帮他们回过头来反思自己。只有这样，才能让你的善意得到有效发挥。

失意人面前，不说得意的事

人生并非一帆风顺，有得意就有失意，有喜悦就有悲伤。当你恰逢喜事的时候，不能光顾着自己高兴，还要注意到有一些人并不高兴。相对你而言，这些人就是失意的人。在失意者面前，不管你如何"人逢喜事精神爽"，都一定要有意识地收回一些自己心中的"得意"。

有一次，老张把几个好朋友约到家里来吃饭，受邀约的人彼此之间也都很熟悉。老张把朋友们聚到一起，主要目的是想借着热闹的气氛，让老葛郁闷的心情放松一下。

由于经营不善，前段时间，老葛的公司倒闭了，他的妻子也因为面临生活的重重压力，正与他闹离婚。内外交困之下，老葛的心情糟糕到极点。

在座的朋友心里都明白此时老葛的遭遇，因此都谈一些风趣幽默的事儿。朋友中老高爱喝酒，几杯酒下肚，老高没能管住自己的嘴，在酒桌上大谈自己最近一段时间风光的事情。

朋友们提醒老高，老高全然不顾，依旧显摆自己的赚钱本领。巧的是，老高和老葛坐在一起，他不断地拍着老葛的肩膀说："老葛，亏那点钱根本不是个事儿，跟我干好了，不用半年，保证能让你把亏的钱赚回来。"

大家看着老高得意的神情，甭说老葛心里不舒服，其他人也不舒服。在座的人反复暗示老高，老高像是中了邪一般，就是没有明白过来，还挥舞手臂，不让大家阻止他说话。老高越是夸夸其谈，老葛越是低头不语，脸色也变得越来越难看。实在听不下去时，不是借口去卫生间，就是借口出去打电话。

老张的出发点是好的，结果却被老高的高谈阔论给搅和了，聚会就这样草草散场。老张送老葛，走到门外后，老葛实在忍不下去了，愤愤地说："赚钱多了就了不起吗？这么得意有意思吗？"

老高可能是真心想帮助老葛走出当前的困境，但有一点他不清楚：做事能否成功，通常并不是取决于动机是否正确，而是方法是否得当。这次朋友聚会中，老高的得意与张扬，与老葛形成了强烈的反差。就算老高是想真心帮助老高，可他的这种表达方式，不是在帮人，而是在损人，受害者当然是老葛。

著名的法国启蒙思想家孟德斯鸠说过："我从不歌颂自己，我有财产，有家世，我花钱慷慨，朋友们说我风趣，可是我绝口不提这些。固然我有某些优点，而我自己最重视的优点，即是我谦虚……"这句话的意思是：当一个人人生得意的时候，更应该懂得去谦虚慎言。

聪明的人都清楚，得意时不要太张扬。当你有了得意之事，不管是升了官，发了财，或者是事业上的一切顺利，切记不要在不合适的人面前谈论，如果你知道某人正处在失意当中，那就绝对不要开口了，这就是得意之时要慎言。

不要对失意者大谈你的得意之事，这是低调者做人的明智之处。因为失意的人这时候心理是最脆弱的，也是最敏感多疑的时候，你关于自己得意事情的每一句话在他听来都充满了讽刺与嘲笑，他会觉得你是在故意地激怒他。他因此会郁郁寡欢地离开，但不要以为他只是如此而已，他还会产生一种心理——怨恨。怨恨是一种深植于内心深处的反抗。让事情更糟的是，这种怨恨一旦释放出来，就可以毁灭你现在所拥有的一切。仔细地想想看，这是多么不值啊！为此还疏远了一个朋友，以致他再也不想听到你的得意之事。长此以往，你也会在人脉资源上出现危机的。

但是，有许多人可能会有这样的想法：一个人正值得意的时候，为什么不能谈论自己得意的事情与他人分享呢？何况这些事情是很努力才得以实现的。我们每个人都是普通人，谈论自己得意的方面也没什么好责怪的，但是，当你谈论时要看场合和对象。比如，你可以在公开的演说场合大谈，对你的员工大谈，并享受他们投给你的羡慕的眼神。

　　真正聪明的人绝不会恣意炫耀自己的得意之事，他们也不会自我沉寂在得意的荣誉中，他们会继续努力去做那些需要去做的事。

　　事实上，得意之时的慎言不仅是成功的要素，而且是获得人心极好的方式。低调者越不在众人面前显示自己，就越容易引起别人的认同，得到别人的赞扬和支持。相反，你在得意时越夸耀自己，别人越回避你，越在背后谈论你的自夸，甚至可能因此而怨恨你。

每人都有心理禁区，别去挑战它

俗话说："尺有所短，寸有所长。"每个人都有自己的优点和缺点。在与人谈话的过程中，应尽量避免采取揭短的方式来打压对方。比如对方身体有某种缺陷，或有小偷小摸、打架斗殴被行政处罚的前科等，这对他们本身来说就已经是不可磨灭的记忆了，而你再一而再、再而三地提醒他们记得，只会增加他们的心理负担，让他们痛苦不堪。现今社会，人们都在朝着文明的方向发展，这种揭短的行为已经受越来越多的人所鄙视，"打人不打脸，骂人不揭短"已经成为人们普遍重视的信条。一个肆意揭露他人之短，以伤害他人为乐的人，只会遭受人们的唾弃。

古罗马有位叫科里奥拉努斯的英雄，曾在战场上立下了赫赫功绩，他的英雄事迹在古罗马口口相传，众人提及他，总是赞不绝口。但是科里奥拉努斯年纪渐长之后，就希望从军界走入政界，过上安稳一点儿的生活。而这时候，进入政界最好的办法就是通过竞选得到最高执政官一职。

竞选开始了，科里奥拉努斯发表了一场令人十分感动的演讲，他从自己身上的无数伤疤开始讲起，向选民讲述了自己在战场上十几年来的诸多艰难经历，几乎所有的人都被科里奥拉努斯的英勇和爱国精神感动，他们决定要投他一票。从当时的情况来看，科里奥拉努斯已基本成功了。

但是，走下演讲台之后，科里奥拉努斯完全变了，在投票日即将到来的时候，他开始在会议厅里诋毁对手，并高傲地宣称凭借自己的赫赫战功，必然会当选无疑，与此同时，科里奥拉努斯毫不避讳地恭维那些贵族，而对平民毫无致谢之意。

选民们在看到他的作为之后，纷纷改投科里奥拉努斯的对手，这直接导致了他的落选。

此时，科里奥拉努斯依然不思悔改，他把所有的责任都推到那些导致他竞选失败的平民身上，发誓要对他们实施报复。机会很快来了，一批物资运抵罗马，元老院开始为是否将这些物资免费发放给平民展开讨论。科里奥拉努斯当然不肯放过这次报复的机会，他用激烈的言辞抗议将物资发放给平民，并建议将平民代表赶出元老院，由贵族全权主导一切。因为他的反对，导致平民免费分得物资的议案未能通过。

消息传出之后，罗马的平民们立刻愤怒了，他们聚集在元老院门前，要求与科里奥拉努斯当面对质，当时科里奥拉努斯傲慢地表示，他是不会和下等人见面的。他的这一举动，引起了人们更大的愤怒，罗马的平民举行了一场声势浩大的暴动，元老院见事态严重，便同意了将物资免费向平民发放的议案，但是人们依然愤怒地要求科里奥拉努斯出来道歉，不然坚决不允许他再次奔赴战场。

科里奥拉努斯迫于无奈，只好走出元老院，压下心中的怒火向平民道歉，开始时他的语气还算温和，但是在受到平民们接二连三的质问之后，他变得暴躁起来，言语越来越无理，最后甚至公然辱骂平民。震怒的平民立刻大声抗议起来，他们要求元老院判处科里奥拉努斯死刑，将他扔下悬崖。最后，经过贵族们大费周折的劝说之后，最终科里奥拉努斯被判处终身放逐。平民们取得了胜利，一场暴动这才得以平息。

总结整个事件，科里奥拉努斯之所以会从一个英雄变成惹人讨厌的公敌，最根本的原因就是他太过心胸狭窄了。无论出现什么状况，总是别人的错，他是绝不会错的；别人做了有损他利益的事情，他一定要报复。却不知这种态度让他陷入了更加恶劣的处境之中，最终自食其果。

其实，每个人都有忌讳心理，都有自己与人交往所不能提及的"禁区"。这个"禁区"就像人们常说的胖子面前不提肥、"东施"面前不言丑一样，对让他人痛苦的事情应尽量地避而不谈。这不仅是处理人际关系的技巧问题，更是对待朋友的态度问题。懂得骂人不揭短的人，也往往懂得尊重他人，对他人尊重就是对自己的尊重，只有这样才能从心理上征服他人。

齐欢天生就非常瘦，属于那种怎么吃也吃不胖的人。虽然现在的女孩都在"减肥"，齐欢却一直想"增肥"，因为平坦的胸部，她经常被人取笑为"飞机场"。她多么希望自己也有一个凹凸有致的身材。这简直成了她的心病，并且很介意别人提起。

而齐欢的好朋友李凤却生得一副魔鬼身材，她为此非常自豪。尤其是和齐欢在一起的时候，她更是自信满满，得意扬扬。私底下，她没少嘲笑齐欢的"飞机场"。但是，因为没有外人，齐欢也都没有放在心上。

谁知，在一次好友聚会上，大家在闲聊的时候，聊起了减肥的话题。大家都说很羡慕齐欢的苗条，李凤却说："其实，太瘦了也不好。男人啊，还是喜欢我这样的，凹凸有致。像齐欢这样就太瘦了，干巴巴的，不知道的人还以为身体有什么毛病呢。"

齐欢听到这话脸色立即一变。虽然大家都朝李凤挤眉弄眼，甚至用咳嗽来提醒她的失言，李凤却完全沉浸在对自己的夸赞中，完全没有注意到大家的反应，并自顾自地继续说："你们知道那个赵飞燕吧？特别瘦的那个。网上说她就是因为太瘦所以虽然得到皇上专宠多年还是没生下孩子。"

还没等她说完，齐欢就起身拂袖而去。从那之后，不但齐欢不再和李凤说话，连其他的朋友也都尽量躲着她，不愿意和她深谈。

李凤作为齐欢的好友，不但不维护朋友的面子和尊严，还故意在众人面前揭朋友的心理禁区，在伤害了朋友的同时，也给众人留下了不好的印象，导致自己失去了珍贵友情。即使她是无心的，并没有什么恶意，但是，这种口无遮拦依然是让人无法原谅的。

俗话说："矮子面前莫说矮。"那些面对着生理上的缺陷或是家庭不幸的人，他们本身就已经很痛苦了，如果你再有意无意地揭别人伤疤，只会让对方感觉更痛苦，所以，人们在碰到这种情况的时候就要加以避讳，尽量注意语言说词，不然只会伤人又伤己。

所以说，我们在和朋友相处的时候，一定要谨言慎行，不要挑战对方的心理禁区。要做到这一点，除了要珍惜友情，言之有节，在关键时刻控制住自己的情绪，不要说出伤人伤己的话，还要注意完善自己的人格修养。

不随意对别人指手画脚，是最基本的分寸

侯梦怡今年三十多岁了，先前虽然也交过两个男朋友，但最终却因为性格不合分手了。一直挑挑选选到了现在，身边的朋友纷纷结婚，有的孩子都已经能够出来打酱油了，她依然是单身。

她的父亲在一所小学里任职，一家人都住在小学的教师宿舍里，因此周围有很多老师或老师的家属、亲戚居住。无论是白天出门上班还是晚上出去散步，侯梦怡都会遇到不少邻居。

随着她的年纪增大，她的单身问题成了邻居中一些长舌妇的谈资：

"哎，这是老侯家的女儿吗？听说她还没男朋友啊。"

"对啊，是她，侯梦怡嘛。三十多岁了，还单身呢，是不是她某方面有什么问题啊？"

"我看是高不成低不就，挑三拣四吧。"

"这个也说不准，说不定是社交障碍呢？"

"男大当婚女大当嫁，特别是女孩子，这么大年纪了还不嫁出去，以后恐怕是没人要了。"

……

有一次侯梦怡独自出门，遇到那群长舌妇在操场上三五成群地散步，便被那些人当着面指手画脚。

她又生气又羞愧，那团怒火在心底熊熊燃烧，却又不得不压抑着面对那些邻居。这让她走起路来都有些不自然。

长舌妇们聊着聊着，时不时还会对着侯梦怡发笑，不知道是她们聊到了令她们觉得好笑的内容，还是看到侯梦怡走路的不自在而取笑。

"我多晚结婚关你们什么事？我吃你们家大米了吗？你们没有资格对我指指点点！有没有素质，懂不懂得尊重人？"侯梦怡长期压抑的愤怒情绪爆发了出来，"你们照照镜子看看自己一个个长得歪瓜裂枣样子！你们的老公贴钱送给我，我都不要！"

长舌妇们霎时安静了下来。但没过多久，为首的一人就骂了起来："我们的老公，你八辈子都嫁不到！你这么大还不嫁人，我们说的是事实，说你一下怎么了，不伤皮不伤骨的！还说我们歪瓜裂枣，我们像你这么大的时候，孩子都读小学了！你现在连嫁不嫁得出去都是问题。"

侯梦怡和长舌妇们的争论从此正式拉开序幕，同校居住数十年的邻居，居然在大庭广众下撕破脸皮，争吵得天昏地暗。从那时候开始，侯梦怡就痛恨那些长舌妇，再也不跟她们说话。

不随意对别人指手画脚，是社交最基本的分寸。侯梦怡行得端走得正，没做错任何事情，也没有招惹过那群邻家妇女，却被那群邻家妇女不留面子地品头论足说三道四，受到了莫大的不公和侵犯。那群邻家妇女显然并不了解侯梦怡，甚至有的人就连侯梦怡都认不准，却带着不知从何而来的优越感对侯梦怡指手画脚，丝毫不考虑被评论的当事人心里的感想。

性格决定命运。长舌妇们这样不讲分寸的性格，将会制约她们的发展，除了在一方角落里人以群分形成小团体互相取暖之外，她们很难再在社交上取得更多的突破。好端端地，她们连原本与她们并无过节的侯梦怡，都能变成为她们的"敌人"，这样"化友为敌"的操作，在人际交往中怎么会走得远呢？

不随意对别人指手画脚，是社交的最基本分寸。任何人都有自主选择生活的权利，你可以选择诗和远方，别人可以选择小富即安，无论选择如何，只要论公能够为社会奉献力量，论私能为亲朋好友和自己带来幸福快乐，就是最好的选择，与其他人认不认可没有多大的关系。

如何才能做到不随意对别人指手画脚呢？

1.加强自我修养

随意对别人指手画脚，多是因为自身的修养不够。有句古话叫"活到老学到老"，自我修养也应当如此，慎思慎行坚持不懈，如果条件允许，应该找机会多去经历一些，要么历练，要么读书，身体和灵魂必须有一个在路上，加强自我修养。

2.时刻牢记每个人都是独立个体

有的人对别人指手画脚是因为出自好心，想让别人按照自己的方式去变得更好。

殊不知，每个人都是独立的个体，大多数人的条件、目标都不完全相同，即便你了解对方遭遇的困难，可你适合自己解决问题的方式，却不一定适合别人，你所满足的结果别人不一定满足，也许是燕雀不知鸿鹄之志，也许是子非鱼，不知鱼之乐。这时候，如果你依然随意对别人指手画脚，你的好心可能就变成了坏事，没有尊重别人的独立人格，损害了别人的未来。

不是所有的成功都可以复制，一个人走过的路只能作为后人的参考，不能生搬硬套，因此给予别人的意见，通常只能是作为一个建议。

当你决定指点别人的时候，必须慎重而行，不要随意去强求别人，甚至道德绑架。

时刻牢记每个人都是独立个体，就可以避免出现随意对别人指手画脚的这种伪好心。

3.学会道歉

"人非圣贤，孰能无过？"大家都是性情中人，谁都不能保证在社交当中永远不犯错，有时候没控制住自己，任性地对别人指手画脚，应该学会在事后向人家道歉。

道歉一定要诚恳，不能嬉笑轻浮。这样才能够安抚对方的情绪，在一定程度上弥补自己的过错，同时也能够加深自己对这次犯错的印象，加强自我反省，促使自己做到下不为例。

凡事让人三分，有理也要饶人

　　人与人之间难免会发生一些误会。而误会一旦发生，谁都认为自己是对的，有的人常常得理不饶人，抓住别人的小辫子不放，指责对方的错误，以显出自己是占了上风。古人说："得饶人处且饶人。"对别人宽容、大度是一种高尚的美德。得理要饶人、给对方一个台阶下，是一种智慧；让人三分，人生之路就会越走越宽。

　　王茜前几天从品牌服装店里买了一件自己喜欢的衣服，但穿了几天却不想穿了，想退回去，便去洗衣店把衣服洗了下。第二天来到那家品牌店，看见售货员小李便说："我要退货。"小李接过衣服一看，衣服是洗过的，但是店里规定如果有顾客退货的话得是新的才可以。小李是个负责的人，于是为了给顾客一个台阶下就没有当众揭穿王茜，而是换了个方式对王茜说："王小姐，是不是您家人不小心把这衣服送洗衣店里洗了啊？我之前也犯过类似的情况，我前几天加班也没时间洗衣服，我男朋友在家，他那天也闲着没事干，不知道怎么了，稀里糊涂地把一大堆衣服抱到洗衣店，这情况不是和您一样吗？您看，这件衣服上面也明显看到有洗过的痕迹。"王茜听了无话可说，但却对小李产生了感激之情。

　　店员小李懂得给对方一个台阶下，得到的是别人对她的尊重和感激之情，懂得给对方一个台阶下也是一种变通的表现。

　　"人非圣贤，孰能无过？"善待别人也是善待自己，给别人一条路的同时也是给自己一条路。只要对人对事都有一颗宽宏大量之心，生活中便能减少一些不愉快的事情发生。明智的人知道在能抓住理的同时给对方一个台阶下，即使对方是你的对手，那么他们也会对你心存感激之情的。给别人一个台阶，就是给自己留条后路。只有胸怀坦荡、为别人着想的人才会懂得如何给人一个台阶。给人一个台阶便能赢得友谊，得到他人对你的信赖；给别人一个台阶下，往往是给自己的人生道路上增添了一位朋友。

与人交往有很多技巧，得理饶人也是其中之一。生活当中往往有些人觉得自己很有道理，看到别人没理的时候便揪住别人的缺点进行猛打，对方知道自己错了，有的人还要对其"置于死地"。懂得得理也要饶人，这样的做法就是大智之举，知道给对方台阶下，才能避免以后的灾难发生。

当有人想要陷害你时，你揪住了他的小辫子，你因为一时气愤而去当面指责对方，这是不明智的行为。智者是懂得得理饶人的，知道给对方留台阶下也是为了给自己留条后路。得饶人处且饶人，这样会让自己的道路变得宽广、顺畅。

激励他，而不是警告

马戏团的驯兽师在训练狗时有一个窍门，那就是当小狗表现出哪怕一点点的进步时，驯兽师就会像对待一件大事一样，轻轻地抚摸它，夸奖它，并给它肉吃。不仅驯狗，历来训练动物大多是采用同样的方法。

那么，作为父母、老师、上司，面对"不争气"的孩子、学生和下属，与其怒目相对，倒不如向驯兽师学习，以甘霖代鞭。人们大多数时候需要的是鼓励，而不是斥责。即使是最微小的进步，如果我们能够给予充分赞美，就能激励对方继续进步。

美国纽约布鲁克林区的一位四年级老师鲁丝·霍普金斯太太，在新学期开始的第一天，本应对新学期的到来感到高兴和期待，但是翻看班上的学生名单后，却心存担忧：今年，在她班上有一个全校最淘气的"坏孩子"——汤姆。他不仅搞恶作剧，还跟男生斗殴、戏弄女生、对老师无礼、在班上搅乱秩序，而且情况越来越糟。他唯一的优点是学习能力强，老师传授的知识，他很快就能掌握。

霍普金斯太太决定马上面对汤姆的问题。当她见到她的新学生时，她说了一些话："罗丝，你穿的衣服很漂亮；爱丽西亚，我听说你画画很棒。"当她念到汤姆的名字时，她注视着汤姆，对他说："汤姆，我听说你是个天生的领导者，今年我要靠你帮我把这个班变成四年级最好的一个班。"在最初的几天，她一直强调这点，赞扬汤姆所做的一切，并评价他的行为，称赞他是一位好学生。

出乎意料的结果发生了，汤姆真的改变了，他逐渐地控制了自己那些不好的行为，变成一个好学生。

孩子也有着很强烈的自尊心，他们表现不好时可以给他们指出来，但你若不是以责备的形式而是鼓励的形式，那么会更有助于促进他们向好的方向发展。

美国一位典狱长也曾表示，相比于严厉的批评与惩罚，对罪犯们所做出的每一个努力进行适当的赞赏，就能得到他们更大程度的合作，并且有助于他们恢复自己的人格。

我们再来看一下美国纽约州第一位黑人州长罗杰·罗尔斯的故事。

罗杰·罗尔斯的出生地是纽约臭名昭著的大沙头贫民区，那里环境肮脏，充满暴力，是很多非法移民和无家可归者的聚集地。在这样的环境下长大的孩子，很容易受到不良影响，他们经常旷课、斗殴、偷窃甚至吸毒，很难有机会从事正当的工作。但是，罗杰·罗尔斯打破了这样的命运，不但成功进入了大学，还最终成为州长。

罗杰·罗尔斯在就职记者会上，被问到他成为州长的动力是什么。他没有提及自己的艰辛历程，而是只提起他小学时代的校长——皮尔·保罗的名字。

皮尔·保罗于1961年担任诺必塔小学的校董会主席兼校长，那时正是美国嬉皮士盛行的年代，他来到大沙头诺必塔小学时，发现这里的贫困孩子比"迷惘的一代"还要漫无目的。他们不听老师的话，经常缺课、打架，甚至把教室的黑板都打碎了。皮尔·保罗尝试很多方法来引导他们，但都没有效果。后来他发现这些孩子都很迷信，于是他在上课时就加了一个环节——给学生看掌纹，用这种方式来激励学生。

罗杰·罗尔斯从窗台上一跃而下，小手伸向讲台，皮尔·保罗说："你的小拇指修长有力，说明你有当纽约州州长的潜质。"罗尔斯惊讶不已，因为他从未听过这样的赞美，除了他奶奶曾经鼓励他说他能当上五吨重的小船的船长。这一次，皮尔·保罗先生居然说他能当纽约州州长，这让他感到意外。他牢记了这句话，并且相信它。

从那一刻起，成为"纽约州州长"成了他的目标，罗尔斯的衣服不再脏兮兮的，说话时也不再带着脏字。他开始昂首阔步，四十多年来，他每天都按照州长的标准要求自己。51岁那年，他如愿以偿地当上了纽约州州长。

吉斯菲尔伯爵曾经说过："每个人都有自己的优点，或者至少有自己认为的优点。对于那些他们自豪的优点，他们当然希望得到他人的公正评价。但对于那些他们渴望认可却缺乏自信的优点，他们更喜欢得到他人的夸奖。"

哈佛大学已故教授詹姆士曾经说过："我们的成就远不及我们的潜能，我们只是半睡半醒。我们现在只发挥了我们身心资源的一小部分。广泛地说，人类的个体就这样地存在着，远远没有达到他应有的极致；他有着各种能力，但从未被开发过。"是的，一个人的潜力是无穷的，进步也是无止境的。当对方每次有了一点点的进步，只要你肯夸奖他、鼓励他，他一定能够取得更大的进步。

所以，对待生活中所谓的"不争气"者，与其等他走上你不想让他走的路时打击他，不如在他一步走上你要让他走的路时奖励他；与其对他做错的地方指责他，不如赞扬他的每一个进步，哪怕再小。

第八章　职场规则
不让自己被孤立的生存策略

职场如同江湖，

虽然没有刀光剑影的搏杀、

没有生死决斗的悲惨场面，

但职场时时刻刻都在暗战，

都在博弈。

一句话、一件事，

可能让你大放异彩，

也可能让你彻底出局，

而把握好分寸，

就可以做到兵来将挡水来土掩，

让自己在职场中顺风顺水。

业绩比忠心更了不起

你选择了一份工作，就要对所在的单位忠心耿耿。这样你才能得到领导的信赖，获得更多的成长机会。同时你要清楚，比忠心更重要的是成绩。很多企业在招聘高级人才的同时，也会裁掉一批业绩不佳的老资格员工，这些老员工对公司固然是忠心的，但是他们没有成绩，只能面对失业的结局了。在激烈的市场竞争中，企业需要忠心的员工，更需要能出成绩的员工。在一定程度上，成绩比忠心更有价值。

从根本上讲，忠心是为了争夺更多的机遇和资源，争夺这些机遇和资源是为了让自己有更好的平台和空间去展现自己的才能，实现自己的价值，而不是为了忠心而忠心，因为老板不需要一个没有价值的"仆人"。

惠普前全球副总裁兼中国区总裁孙振耀当初从台湾来到大陆，仅仅是一个部门经理，在之后的职业生涯中，惠普更换了4任CEO，而他则一路晋升4级，不但坐稳中国区最高领导的位置，还加上了"全球副总裁"的称号。当年，CEO卡莉主导并购康柏的时候，孙振耀是积极执行的先驱，成为中国区总裁。当卡莉下台、马克上台成为新CEO的时候，很多人都想："你孙振耀是卡莉的心腹，都说一朝天子一朝臣，这回完蛋了吧。"可是，令很多人惊讶的是，马克上台后不久，孙振耀成了全球副总裁兼中国区总裁。当记者问及"您为何官运亨通"的时候，孙振耀露出了平静的微笑，他说："在我的领导下，中国区的业绩连续两位数增长，是全球惠普增长最快的地区，您说，哪位老板不喜欢我这样的员工呢？"接着，他这样说道："不论领导多么欣赏我，如果我不能做出好的成绩，离开的一定是我。"

作为跨国公司优秀的管理者，高群耀（曾经是微软中国区总裁、是Au跨

todesk全球副总裁兼大中华区总裁）有着相似的体会，他说："最优秀的管理者是用成绩说话的人，数据决定一切，我们是以业绩论功而不是以辛劳论功的人。"华为的总裁任正非直言不讳地用平易的语言对公司的中层说："不出产量的干部要下课。"

别忘了，"忠心"这个词终究是虚无的，在老板眼中，那些愿意为公司努力的人才是值得信任的。在工作中，如果你一直想着提升自己的成绩，为公司创造更多效益，你就会得到老板的认可。你不妨看看，那种把工作当作自己的事业，持续进步和超越自己的人，最终基本都能达成自己的事业目标。

在工作中，要想做出成绩，就不能敷衍了事，随意完成分配的任务；更不应该挑肥拣瘦，对手头的事不屑一顾而懈怠工作。无论做什么，认真负责是基本原则。那些主动进取的员工，或许一开始并不受重视，但只要持之以恒，总能获得机会走向高峰。

世界上没有一个老板会无缘无故地信赖一个员工，哪怕你是这个公司引进的人才，拿着高工资，如果做不出成绩，你也会被这个公司淘汰出去。你的起点高低无所谓，只要你加入一个公司，就得用业绩说话，那才是你表明自己对公司忠心的法宝。

你或许对自己的工作、自己的领导不满意，但这就像寻找一份爱情，那种一见倾心的是少之又少，相处的双方总是在互相磨合中培养忠诚度和吸引力。这世界上没有哪个老板会有意刁难你，也没有谁有意把最复杂的工作分给你。无论你对自己选择的工作多么不满意，都应该尝试忍耐一下、坚持一下，或许不久以后你就发现，这份工作原来是这么合心。

频繁无目的地换工作其实就是在浪费生命，时间久了你很难相信哪个公司能够满足你的美好愿景，而你选择的公司也很难相信你会认真努力做出成绩。当你选择一份工作时，如果觉得还能坚持，就认真对待，因为你很可能发现自己的潜力其实就在这里。

做出成绩的秘诀其实很简单：认真、投入、负责。无论你才能如何，你都要明白：一滴水持续地滴下去能穿透一块石头，一个人如果不断努力也一定能做出自己的成绩。

别轻信"你是我的心腹"

心腹是各种组织中普遍存在的人际关系，也是特定环境下处理特殊问题的途径之一。俗话说："一个篱笆三个桩，一个好汉三个帮。"还有"夫为将者，必有腹心、耳目、爪牙"之论。而事实也表明，老板也会有不少困难，有一些特别的事情，需要心腹来完成。但是有些时候，如果老板对你说"你是我的心腹"，请警惕，你的麻烦可能不远了。因为人人都明白，在很多情况下心腹就是心病，上司可以让你办事，但也会时刻防备着你，更多的时候是利用你。

张小建在一家连锁企业工作。近期，企业决定和某知名的连锁企业合作。而此刻，其他几家企业也都想和这家企业合作，这就造成了"僧多粥少"的情况。为了能击败其他的对手，赢得与这家企业的合作，总经理经过多次考虑，决定让王峰的设计团队来承担这个任务，而王峰就是张小建的直接上司。

当时，王峰由于要忙其他事务，他就把设计合作计划这一重要任务交给了张小建。企业里的职员都知道，张小建与上司王峰关系很好，可以说张小建是王峰的心腹。张小建被王峰委托重任后，心里非常开心，觉得这是他立功表现的一次机会，因为只要他的设计方案被采用，就可以升职一级。

为了完成这个任务，张小建非常努力地工作。而这时，上司王峰对张小建特别地关照，不仅经常关心张小建的工作进度，而且无论是大会还是小会，都会适时地夸奖张小建，甚至在私底下他还叫张小建为"兄弟"。同时，在他的暗示下，其他的同事也给张小建"戴高帽"，张小建有点得意忘形。

在上司王峰的"照顾"下，张小建夜以继日地干，终于方案完成了。他在第一时间把设计方案交给上司王峰看，王峰看了以后很满意，对张小建赞不绝口，还说要给他升职之类的话，张小建更是开心，他对王峰充满了感激。

过了几天，方案被退了回来。王峰对张小建说："总经理说方案不错，但是有些地方需要改进。再说距离谈判的那一天还有一段时间，你可以再仔细思考思考，修改一下，尽量做得更好一些。"王峰还故意神秘地告诉张小建总经理很欣赏他，还说他很有前途，是公司的优秀人才、重点培养的对象。

听到王峰的这些话，张小建更加努力了，他把设计方案看了一遍又一遍。经过坚持不懈地努力，他完成了第二套设计方案。这次他的上司王峰把设计方案交给总部后，总经理马上拍板说："就用这个方案。"

方案被选中后，张小建急切地期待着总部给自己升级。可是没过多久总部发来了文件说："考虑到王峰在设计方案上所做的重大贡献，特提升为副总经理。"

张小建听到这一决定是一脸的茫然，脸涨得通红，脑袋嗡嗡作响。他怎么也想不通，从头到尾设计方案都是自己做的，王峰根本没参与，升职的怎么是自己的上司而不是自己。

王峰察觉到张小建的不对劲，于是就拍拍张小建的肩膀说："小张，其实我心里明白，这次的设计方案，你的贡献最大。可是总部已经这样定了，我也没法拒绝。不过你别担心，我以后不会亏待你。"听到这些话，张小建也无话可说。

后来张小建才发现，方案上写的总设计师是王峰，张小建只是协助设计。知道了真相又如何？一切都无法挽回。

职场上，永远都要明白：在某种程度上，你和你的上司永远都不可能平等。这就像两条平行线一样，没有交点。就算上司和你"称兄道弟"，或上司告诉你：你在我面前不必拘束，不管怎么样，你千万不要真不把自己当成外人。在上司的眼里永远没有做事的准则，只有利益的准则。这个利益，不仅是公司的利益，更有可能是他自己的利益。

任何一个上司都喜欢用最低的成本，换来最高的利益。那么和有能力的下属搞好关系，时不时放些"糖衣炮弹"，让下属甘心情愿地为公司或者说为他奉献，这花的就是最低的成本。

在工作中不知道你有没有注意，上司赞你越多，你得到的好处就越少。不知道从什么时候开始，受赞扬似乎成了一种人人期待的东西，尤其在职场，被上司夸赞似乎是一件很有面子的事情，是一件很令人自豪的事情。

时代在不停地前进，什么东西都在更替变化，在利益的推动下，上司的手段也在变化。通过经验，上司们发现赞扬是最便宜的"成本"，因为只要他动动嘴皮子，该涨的工资可以不涨了，该给的奖金可以省了，该提的职可以免了……不仅是这些，他们发现收益却随之增加了。

这就是做上司的权术。所以当他们赞美你时，不是因为你真的做得好，而是因为他们有这个需求。最重要的是你要清楚，你在接受虚假的夸奖时，也正在放弃自己真正的利益。如果我们被上司利用了，该怎么办呢？

首先，不要闹事。一旦你发现被人利用，若是表现得像个打架的公鸡，那么你就会由主动变得被动，别人也会由同情你变成讨厌你。你不仅争取不到你应得的利益，反而会损失更多，所以不要闹事，要冷静。

其次，要让你的上司知道，你知道是他搞的鬼，不要再有下次。如果他不在乎你的警告，那只得撕破脸皮了。

最后，如果你有证据证明，上司确实是窃取你的劳动成果，就要用合理方法保护你的权益。

总的来说，遇到这样的事情，不要做"泼妇"，也不要做"圣人"，而是把握好分寸，以最适当的方式，来争取自己应得的利益。

不要炫耀自己，让同事说出他的得意事

英国著名政治家查士德菲尔爵士教导儿子时曾说："要比别人聪明，但是不要让他知道你比他更聪明。"哲学家苏格拉底也劝告自己的弟子："你最应该明白的一点就是，你一无所知。"两位智者的共同之处就在于：隐藏自己的聪明，给予别人自信，你将得到更多。

作为职场人的你也应记住：我们所接触或者暂时没有接触的每一个人都有着自己的智慧与才能。因此，我们应该韬光养晦，养成不炫耀的良好习惯，同时给他人提供展示他们才智的机会，这样一来，我们的朋友将更多，敌人会更少。

陈斌是一个爱炫耀的人，无论是和同事闲聊，还是和朋友聚会，基本上都是他在滔滔不绝。他常常在朋友或同事面前说些什么，自己最近又签了一个大单，又能拿到多少提成，老板给了什么样的肯定等等。有时他炫耀自己的关系网很强，和某某领导是兄弟，和某部门经理是好友，还说他们之间的交情有多深……最后还跟朋友或同事说，如果谁在生活中碰到了什么麻烦，只要找他，就能利用自己广泛的关系轻松地解决问题。

最近，陈斌的一个同事很不开心，工作做得不顺，女友还要和他分手。为了解闷，他就请了几个同事去喝酒，三杯下肚，陈斌又开始夸夸其谈，自己最近的工作如何优秀，女友如何温柔，那种自满的表情，让人看了很不爽，好在大家都了解他这毛病，也没多说什么。

可那个郁闷的同事，听到他说的那些话，脸色很难看。这时，有人就暗示让陈斌别说了，可是陈斌说得正起劲，根本没察觉同事的眼神，依然是兴高采烈地说着。

"你们吃吧，我走了。"他的那位同事气愤地离开了。

从此以后，那位同事不再和陈斌一起喝酒，甚至其他的同事，也不怎么愿意和陈斌来往了。

陈斌或许不知道，那些遭遇挫折、事业不顺的人，当听到别人的炫耀时，心里极其难受。那种感觉是多么的痛苦啊！

当你把别人比下去的时候，就让别人对你产生反感，也给自己的人际关系造成困难。如果你不想让同事远离你，就要随时注意把得意藏在心里，而不是挂在嘴上，更不要把它作为炫耀的筹码，如果那样的话只会让你失去更多。就像法国哲学家罗西法古说的那样："如果你想有仇人，就比你的朋友强；如果你想有朋友，就让你的朋友比你强。"

因此，当你和同事聊天时，你就要适度地隐藏自己的优越感，收起锋芒，学会谦逊。不妨让对方分享一下他的骄傲事，满足一下他的优越感，只有在对方停下来询问你的时候，你才淡淡地说一下自己的情况。渐渐地，你的同事就会变成你的朋友，大家也会愿意和你合作。

王达就是一个擅长处理同事关系的人。每次，他和同事聚餐的时候，总有人趁着酒意夸耀自己的得意事，而王达很少提及自己的工作。

有一次，他和一位关系不错的同事聊天，对方问他："别人都在炫耀自己的成就，你怎么不说说你的好事呢？"王达说："我觉得没什么可说，我只是完成我该做的事，得到我应该得到的东西，这很正常，没什么可自豪的。"

正因为王达这样的低调做事风格，他在同事中口碑很好，赢得了同事们的尊重。而他的事业也在同事们的配合下，上了一个又一个台阶。

"我觉得没什么可说的"，王达的这句话恰好符合了卡耐基的那句名言："你有什么值得夸耀的吗？你知道是什么原因让你没有变成一个白痴的吗？其实没什么了不起的，只不过是你甲状腺中的碘而已，价值很低，才值五分钱。如果别人切开你颈部的甲状腺，拿走一点点的碘，你就会变成一个白痴。在药店里五分钱就能买到这些碘，这就是让你不用住在精神病院的东西——只值五分钱的东西，有什么好说的呢！"

实际上，仔细一想，也没什么好炫耀的。你的成功、荣誉、得意可能是多方面的因素造成的，不一定就是你的真正才能。正如"桃李不言，下自成蹊"，你如果真的有能力，做出来让大家看见，就算你不开口，别人已经对你敬佩得五体投地。如果你一心想在别人面前摆出"成功者"的姿态，费尽心思地想让别人对你崇拜，那么反倒会让人觉得你虚假，让人厌恶，不值得尊敬。

对于许多聪明的人来说，人生的最大隐患不在外界，而在自身。一旦成就一番事业，就容易自满自负，这样就会惹恼他人，被惹恼的人就会成为他的阻碍，成为他的毁灭者。四面八方都是阻碍或毁灭者，在这种情况下，自己的立场都没有了，怎么还能达到出人头地的目的？作为一个人，特别是作为一个有才干的人要做到不出风头，既有效地保护自己，又能充分展现自己的才干。所以，一个通晓人情世故的人，应该明白居功的危害。

没错，在竞争愈发激烈的社会，展示自己，让自己获得一份好的工作和回报是理所当然的。如果你不出风头，你就可能永远不会得到别人的赏识，更难得到重视。这就需要我们掌握好一个分寸，如果你出风头太多，就很容易引起人家嫉妒，虽然这样会获得短暂的成功，但却在不经意间为自己埋下了祸根。所以，当你发挥才能时，要看场合、看方式，要知道适时收手，要学会适度地低调一些，这虽然是个小细节，但会影响到你的未来发展，也会给你的人生埋下危机的隐患。

因此，在和同事相处时，不要在他们面前炫耀自己，因为自高自大的人反而会被人轻视。你应该表现出一种谦和的态度，让别人说出自己的骄傲之处，由他去炫耀自己，这才是你在职场中赢得好人缘的一个非常重要的条件。

守住上司的隐私等于保护自己

每个人都有自己的隐私，上司也是如此，而且他们的隐私可能比一般员工的更加敏感和重要。如果你无意中发现上司的隐私，或者不经意地从别人那里听说了有关上司的隐私，你会怎么处理呢？

隐私是每个人都不想被他人知道的事情。不管你是有意还是无心，如果你在上司面前发现了他的隐私，你们之间的关系可能会有一些变化。聪明的员工不会让这种变化影响自己的工作，看到的就当没看到，听到的就当没听到，下次面对上司时也会保持平常的态度。这样就相当于给上司发出了一个值得被信任的信号。上司了解了你的态度后，也不会故意为难你。

小沈是赵经理的得力助手，平时工作出色，赢得赵经理的赞赏。公司里的一位副总因为身体不适住院治疗，大家都知道：副总的年纪不小了，即使身体康复了也难以再回来继续工作。因此，公司打算选出一位代理副总。小沈被大家看好是最合适的人选，而且赵经理也经常让小沈去处理一些副总职务范围内的事务。

小沈始终认为没有确定的事就不要轻易下结论，因此对同事的闲话都不以为意，继续专心致志做好自己的工作。

有一天，小沈约客户在某餐厅见面，刚进入餐厅就看到赵经理和一个年轻的女孩一起走了进来，赵经理已经有家庭，孩子都上学了。小沈心里猜测了他们的关系，几个人碰了个面，小沈礼貌地和赵经理打了个招呼并说自己在这里见客户，已经找好位置，要先过去了。赵经理的表情有些尴尬，不过还是找了个位置坐了下来。

小沈的位置离赵经理的位置不太远，餐厅里很安静，声音很容易被听到。小沈选择了一个不面对赵经理的位置等客户来。正当小沈心里不知所措时，客户终于到了。小沈故意提高声音对客户说："张哥你今天又晚了啊，上次说好了要请客的。但这里的酒不适合张哥的口味，我们去上次那家餐厅好好喝几杯怎么样？"

张哥是个豪爽的人，笑着说："好啊，沈老弟，我今天也想放松一下，多喝几杯呢！"说完两个人就离开了餐厅去其他地方了。

第二天上班，小沈像平常一样跟赵经理报告工作，没有任何异样。赵经理担心地对小沈说："我昨天出差了，你还没跟我报告工作吧？"小沈回答说："是的，我昨天一天都没碰到经理，跟客户见面时又喝了好多酒，把事情都给忘了。"

赵经理听到小沈这样回答后就安心了。不久之后，小沈就被提升为公司的副总。

从上面的故事中，可以总结出这样一个道理：当你无意中知道上司的隐私的时候，不要表现得很惊讶，尽量不让上司察觉到你；在公司里，也要表现得很自然，以免让上司看出"破绽"。人在职场上，总会遇到各种各样的问题。当你意外地发现上司的隐私时，一定要记住不要去揭穿，不要把上司的隐私公开出去，否则你将会很难在职场上发展。

职场上，时刻要记住不要刻意去探查上司的隐私。如果你这么做的话，就有可能被上司"盯上"，说不定在某个时候，他就会给你找麻烦，或者给你制造困难。所以，不要过于关心上司的隐私，如果不幸发现了，就当作自己没看到，更不要把上司的隐私传播出去。

职场不是娱乐场所，可以随心所欲；职场更不是无人区，可以随意谈论别人的隐私。职场是一个非常严肃的场所，很可能因为自己一不小心而泄露了上司的隐私，招来上司的不满。如果你不想让自己在职场上更困难的话，就要小心自己的言谈，不要随便地透露你所了解的上司的隐私。

人们也常说，打人不打脸，骂人不揭短。这就是说，每个人都很爱面子，如果你不为别人的面子着想，以后别人也不会考虑你的面子。所以，人在职场上一定要尊重他人的隐私，特别是上司的隐私。

　　日常工作或生活中，总能遇到不尊重他人隐私的人，总是随意地透露他人的隐私，殊不知他们这么做已经侵犯了他人的隐私，属于违法的范畴。职场中人，无论如何都不要去触碰别人的"逆鳞"，一旦你触碰了别人的"逆鳞"，就有可能会陷入让自己很难摆脱的困境。

　　职场是一个充满风险、挑战和机遇的地方，在职场上，如果一个人不小心自己的言行，不懂得处世原则，不尊重别人的隐私，不保护自己的隐私，一旦出现麻烦，就算自己悔恨也来不及了。如果你是一个在职场上奋斗的人，就要警惕了，不要碰职场的红线。尊重他人的隐私不只是一个人品质的体现，也是一个人社会道德的表现。具有社会道德的人是不会随意地泄露他人隐私的。

把自己的隐私锁在抽屉里

在公司里有自己的知心人、好友，这是一件幸运的事。你如果有了什么心事，知心人是你最好的倾诉者；有了喜悦，知心人也是最好的分享者。正是有了知心人，我们才不会寂寞孤单。有时候，我们会在知心人面前，坦然地谈论自己的秘密，谈论自己的经历，不论是感情问题、健康问题还是个人的经济问题。在透露个人信息的时候，很多人都没有意识到，这些秘密可能会影响自己的事业。你可能因此失去晋升机会，错过自己期盼已久的职位，甚至你会被迫离开自己喜爱的岗位。

夏波和王猛在公司一起工作3年了，他们是很好的"兄弟"，两个人的业务能力也不分伯仲。最近，公司根据他们的表现和业绩，把他们都列为业务部副经理候选人。

两人都想得到这个职位，所以他们表现得比以前更加努力。其实，大家心里都明白，夏波是肯定能坐上业务部副经理的位置的，因为夏波的为人比王猛好。

没过几天，公司人事部突然宣布王猛为业务部副经理，夏波被调出业务部，另外安排工作。这个决定让所有的人都很吃惊。

后来，夏波经过一番调查才发现，自己失去机会竟然是王猛在背后搞的鬼。原来，夏波和王猛在一起聚餐的时候，曾经对王猛说过，自己以前因为年少轻狂跟人冲突，还在监狱里蹲了一年，出来后才找到这份工作。

王猛为了能得到业务部副经理这一职位，找到总经理，向总经理说了夏波曾被判刑坐牢的事。虽然夏波是最合适的人选，但是总经理还是忍痛割爱。不难想象，一个曾经犯过法的人，总经理怎么会信任呢？即使现在他表现优秀，可过去的那个污点是怎么也消除不了的。

知道真相后，夏波又气又恨又无助，只好接受安排，去了其他的部门工作。

因为不小心说出了一个属于自己的秘密而被对手打败，最终没能得到重用，真是可惜。所以职场中的人要记住：无论遇到谁都要保护好隐私，过去的事不要随便告诉人。就像罗曼·罗兰说的："每个人的内心，都有一座隐藏记忆的小岛，永远不要向人展示。"这座隐藏记忆的小岛，属于你的隐私世界。

无论在什么情况下，都要保护好自己的秘密。同事之间，即使你们之间的关系很好，成了"兄弟"或"知心人"，也不要轻易把自己的事情，或自己的秘密说给对方。就算你的秘密和公司或工作没有关系，你也不要随便告诉别人，你说出去了，很快就会发现，你的那些秘密不再是秘密了，它已经变成了众所周知的故事，这样的结果对你是很不好的。如果你把自己的秘密说给了一个心怀不轨的人，他虽然不会在办公室里散布，但在关键时候，他会拿出你的秘密作为武器攻击你，让你在竞争中失败。

某公司的艾丹、赵娜和吴歌等同事都在同一个办公室。艾丹和赵娜业务能力很强，公司正打算从这些人中选出一位作为办公室主任接替即将退休的老主任，其中艾丹和赵娜最有可能，而艾丹和上层领导关系很好，赵娜是老主任的得意门生，上层领导已经透露出意向，打算让艾丹接任。就在这时，却发生了一件出乎意料的事情，传出艾丹和上层领导有不正当的关系，这件事是从吴歌那里传出来的。结果就是赵娜接替了老主任，上层领导对吴歌非常不满，甚至想要开除他，但由于其他原因，只能把他调到一个不太重要的部门去工作。

吴歌就是因为泄露了同事的私事，所以遭到同事们的警惕和领导的指责，从而影响了自己的前途。

好奇心是人的本性，但这种好奇心有时会无意中造成矛盾。大家在一起聊天时，谈论其他同事，将话题传开，就会引起同事之间的矛盾，让办公室内气氛紧张，对你这个导火索只有敬而远之。如果你了解能力强的同事的私事，可能会成为他的心腹，也可能会成为他的祸源。

人们总是对隐私充满好奇，一旦知道了，就很难忘记。要想避免因此惹来麻烦，就要用聪明的方法处理这样的事情。如果是无意中得知隐私，就可以装作不知情，不要让事主对你起疑心。要尽量不参与议论关于他人隐私的话题，不要什么事都想凑个热闹。酒量不好的人更要小心，不要酒后乱说。即使不小心说漏了嘴，也要假装无所谓，给人一种这是一件众所周知的事情的印象。如果事情很严重，也可以直接找到当事人，进行提醒，表示如果真的有泄密的情况，就会对泄密者进行追责。不过，这些补救措施也无法完全阻止人们传播别人隐私的现象。

有一个爱说别人是非的女人向牧师忏悔，说自己以前曾说过很多人的闲话，她不知道还能不能弥补。牧师并没有训诫她，只是给她一个枕头，让她到教堂的钟塔上，把枕头里的羽毛撒到空中。她照做了。牧师说："好了，现在把每一根羽毛再捡回来，放回枕头里去。"这个女人为难地说："牧师，这是不可能做到的！"牧师非常严肃地说："同理，要收回所说的每一句坏话，就更不可能了。"

职场中，泄露同事的隐私会带来很多的负面后果，可能会让你在办公室羞愧难当或者颜面扫地。该同事甚至会对你恨之入骨，你们之间的情谊会立刻破裂，甚至在工作中还会成为敌人。同时，办公室的其他同事也会对你怀有敌意，故意跟你疏远。要知道人心难测，尤其是对于能力强的同事来说，某个人的隐私也许就是他打败这人的一张底牌。也许你就是不小心帮了他的忙，但是没人会感激你，反而所有的同事都会对你倍加小心。

事实上，每个人都有自己的秘密，都有一些藏在心里不想让人知道的事情。既然秘密是自己的，无论如何也不要对同事说。你不说，保护属于自己的隐私，没有什么损失；如果你说给了别人，情况就不同了，说不定哪一天，别人会以此为武器打击你，让你无话可说，甚至给你造成很大的伤害。

如果你想在职场上取得成功。最重要的就是，一定要保守自己的秘密，做到"闭口不言"，也不要随便与人倾诉自己的心事。即使你的诚实可以让你暂时拥有朋友，但如果说话不经思考，随意透露自己的隐私，那你的麻烦就可能由此而来。

时刻保持清醒，过分表现令人生厌

职场上很多人在与人交流中，不管是不是以自己为话题，总想突出自己。这种人或许会被人赞扬为"有口才"，但也有可能被人批评为"说话不经思考显得浮躁"或经常想要"吸引眼球"等。总之，在办公室内通常会使人产生排斥感和不悦情绪。

真正懂得自我表现的人往往"表现"了自己，却不露痕迹。他们与同事谈话时多用"我们"而少用"我"，因为后者给人以冷漠感，而前者则让人觉得更亲近。要明白，"我们"这个词，它不仅仅指说话者一个人，也包含了"你也参与"的意思，通常让听者有一种"参与感"，而且，还会无意中把不同意见的人拉到同一阵营，并根据自己的目的影响他人。

在办公室里，同事之间本来就存在一种潜在的竞争关系，如果过分地故意表现，不但得不到同事的喜欢，反而会招来同事们的排斥和敌视。

初夏是某企业人力资源部门的顾问，她很自豪的是，企业里她几乎是人缘最好的人，但以前的情况并非如此。初夏刚到人力资源部门的前几个月，在同事中没有一个朋友。原因是什么呢？因为她每天都不停地夸耀她在学校时的优秀成绩和在工作中的成就。渐渐地，初夏发现，当她和同事们不断地讲她的这些值得骄傲的事情时，同事们不仅不赞赏，反而还很反感。

初夏希望同事们能够喜欢她，能够和他们做朋友，但是却不知道自己的问题在哪里。后来，当初夏把她遇到的困难告诉父亲时，初夏的父亲对她说："你想让别人关注你，那么你就先去关注他们想说的，这样或许他们就会逐渐接受你。"

初夏听了父亲的忠告，在与同事们闲聊的时候，开始少谈自己，而是花时间认真聆听同事们说话。她发现原来他们也有很多事情要吹嘘，他们在诉说自己成就的时候，比在聆听别人说话时表现得兴奋得多。慢慢地，大家有了什么话都喜欢告诉初夏，后来几乎所有的同事都成了她的朋友。

在人际关系的沟通和处理上，我们往往都太急于表现自己，有的甚至恨不得把所有人都踩在脚下，自己永远独占鳌头。但是你不得不承认，有时候表现得过于优秀，显示自己的优越感，反而会遭受到很多的挫折。毕竟，大多数人，从你的麻烦中得到的快乐，极有可能比从你的胜利中得到的快乐多得多。所以，有时候隐藏起自己的锋芒，把表现的机会让给别人，才能在人与人之间的关系上维持平衡。

吴莉大学毕业后，第一份工作是在某杂志社做编辑。这是一家小杂志社，只有五六个人、三间办公室，还有一辆旧汽车。不过杂志社有财政支持，也可以通过系统发行，日子还算过得去。大家整天都是混日子，没有人积极干工作，更不想多干工作。吴莉那时志向很高，不甘心这样混下去，又想着"立功"表现自己，于是整天想来想去，终于找到了突破口：杂志在社会上没有影响力，很长时间也没有一个广告。而吴莉爸爸有个朋友，是某国有企业的老板。他单位效益不错，更重要的是这位老伯特别爱出风头。于是，吴莉想在杂志上给他做个专访，进而让他的企业投几次广告。吴莉跟主编一汇报，主编高兴不已，立刻让吴莉开着单位的旧汽车去采访。

吴莉因为跟这位老伯很熟，所以很容易就写出了一篇让他欣喜若狂的专访。然后又刊登了他的三幅书法作品，并附有简评。杂志出版后，吴莉去送样刊。没想到原本只投三期的广告，这次竟然定下了一年的广告，先付六期的钱，剩下的半年后一次结清。

第一笔钱到账后，主编在全体人员会上夸奖了吴莉一番，还说："以前让大家去联系广告，有些同志说杂志知名度低，没有人愿意做，现在看来，还是工作没有做好……"并宣布给吴莉提成1000元。吴莉本以为大家应该对她另眼相看，可是她却发现大家对她的态度变得微妙了。一天下午，吴莉从外面办事回来，大家正在热烈地聊着什么，见她进门，突然都不说话了。吴莉只听见同事小刘说了一句"这个小姑娘不一般"。吴莉看了看小刘，小刘有些尴尬。

不久，吴莉去拜访大学时的一位老师，跟她说起了这事。老师提醒她不要打破单位的"生态平衡"，别让大家因为她而产生不安全感。只有这样，才能和大家相互配合，更好地完成工作。

在职场中，尤其是在同事面前，聪明的员工都懂得，面对自己的成就要淡化处理，必须学会谦逊，不要表现得太嚣张，避免给同事造成一种爱炫耀、博眼球的印象。只有你做到这点，才能得到办公室所有人的喜爱。

自夸才能者，往往让对方难堪，这对自己也没什么好处。职场中，对于那些智者而言，绝不会做一时逞能，让他人丢脸的愚事。

还有些员工只想着自己表现，不愿意和比自己优秀的同事合作，反而倾向于选择比自己水平低的一些员工。人际关系中，潜意识里都存在着等级意识，所以会导致优越感和卑微感的效应。职场中，有人比你低一档，有人比你高一档，你往往会相信比你高一档人的话，而忽视比你低一档人的话。碰到比自己强的人，不是把对方当作学习的对象而感到开心，反而觉得受到了威胁。这是什么原因呢？就是因为自己的表现欲太强了。

工作中，经常有很多人分不清热情和故意表现的界限。有些人总是把满腔热情的行为演变成故意做出来的手段，也就是说，这些人学会的是展示自己，而不是真正的热情。真正的热情不会让同事们觉得你是在故意地展示自己，也不会让他们产生厌恶。

流言止步，做个明明白白的清醒者

职场中，背后说人坏话，挑拨离间是大忌讳。同事们聚会时，最爱聊的就是那些缺席同事的闲话。一谈到这些评人短长、说人隐私的话题，大家就显得很有兴趣，现场的气氛也跟着热闹起来。但是，这种无聊的话题其实一点也不值得谈论。无论你提出的话题有没有恶意，最终都会演变成让人不高兴的坏话。而且，这种挑拨离间、评人短长的话很容易传到对方耳朵里。就算听到这些话的人不是故意地去散播，也会直接或间接地传到当事人那里，而且往往已经被夸大其词，令人难以忍受，正如俗话说的"好事不出门，坏事传千里"。所以，千万不要让自己成为谣言的源头，要和那些喜欢议论他人是非的人保持距离。

洁是一个纯真的女孩，就像她最爱的白色一样。大大的眼睛，白皙的小脸上总是带着笑容。刚从大学毕业，洁就顺利地进了一家商贸公司，做了一名文员，可惜却不小心陷入了办公室的闲言碎语中。

她没有什么工作和社会经验，很想快点和大家成为朋友。其实，公司的业务挺忙的，大家每天都忙个不停。可是，洁很快发现，同事们有个不好的习惯，就是喜欢说些流言蜚语。

洁明白这样做是不对的，也很厌恶这种行为，但是也不好当着他们的面阻止他们。有时候，同事们在没完没了地说，她只是静静地坐在旁边。不久前，同事们在议论老总是个吃软饭的家伙，要不是靠着老婆娘家的帮助，说不定现在还比不上他们呢！就在同事们滔滔不绝的时候，老总出现了，满脸怒色地走进办公室。从此，老总看到当时在场的几个人，都是一副冷冰冰的表情。

这无疑让洁刚刚起步的职场之路遇到寒流，她心急如焚。不过，她并没有急着向老总说明，而是在同事们说闲话时悄悄地离开。比如午休，洁吃完午饭宁愿躺在办公桌上睡觉，也不再"旁听"。

慢慢地，洁赢得老总的信任，并负责重要的工作。而那些说人闲话的同事却因为又一次捏造事实，超出了老总的心理忍耐程度，在给他们一些补偿后，提前终止了他们的合同。

现代社会中的现代组织，人与事越来越错综复杂、微妙难测，想要完全摆脱，不受任何流言的影响是不现实的，几乎没有人能一辈子都没被人诽谤过，但我们必须相信：别人的嘴巴长在别人的脸上，我们不可能控制得了；但自己的耳朵长在自己身上，完全可以让它少听；更重要的是，手脚长在自己身上，自己努力做事，以实际成绩来抵抗流言蜚语是最有效的。无论如何，请相信这样一句话："说闲话者，终被闲话所困！"

所以，面对办公室的流言还是小心为妙。那么当你面对流言的时候，该怎么做呢？

1.看清流言背后的真相

通常来说，大部分的流言都是某人为了宣泄心中不快，或是为了实现某种目的，或是为了满足某种阴暗、狭隘的心理而散布，来伤害别人的心灵、损坏别人的声誉，这种行为令人极其憎恶。曾经有人形容流言的特点：言者捕风捉影，信口开河；传者人云亦云，添油加醋；闻者半信半疑，真伪难辨；被害者莫名其妙，有口难辩。可以说流言本身就是一种恶性循环，只有智者才能破解。因此，当你面对流言时，一定要把自己从流言传播的恶性循环中摆脱出来。

从另外一个角度来说，流言也是一种消息。当你听到有人散布自己的谣言时，就应该认真想想，自己是不是做了什么事，或是说了什么话，让对方不爽、不高兴，反省消息是否属实。有则改之，无则加勉。

从流言中你可以了解公司里一些内部情况。比如说，公司的人事变动问题，如果你有机会被选为候选人的话，那你就可以抢先一步，争取该职位；如果在流言中能知道上司的喜好，这样对处理好与上司的关系，也有一定的好处。

2.坚决不做流言的传播者

人多的地方就免不了有流言，这是不可避免的现实。制造流言的人很可恶，传播流言的人更可恶，因为他们的行为是"助纣为虐"。流言之所以能够传播开来，就是传播者造成的。因此，绝不做流言的传播者。

3.传播流言的危害

（1）喜欢说流言的人，会让人觉得不可靠

当你传播有关同事、老板和公司的流言时，或许自己只是觉得有趣而已，但实际上，你已经给自己造成了一种"不值得信任"的危机，而且这种危机会伴随你在公司的每一天。

简妮是一名受到大家认可的员工。她很有能力，工作非常主动，公司高层曾经考虑过让她升到管理层。可是，她却有个"爱好"——喜欢与别人谈论各种消息，喜欢散布一些没有根据的流言蜚语。正是她的这个爱好成了她职业生涯的障碍。

在公司看来，她喜欢到处传播流言的毛病，对公司的秘密构成了危害。因为他们认为简妮并不可信，如果提升她的职位，新岗位上许多敏感信息，万一被她泄露出去怎么办？最后，她的"长舌"夺走了自己的升职机会。

简妮在公司一干就是多年，仍然没有升职。尽管如此，她仍不知道是什么阻碍了自己的晋升之路。直到被解雇的那一天，她才知道是自己的"长舌"招来了大祸。

（2）经常说流言蜚语的人，在损人名誉的同时，也损了自己的名誉

当别人津津有味地听你说别人的是非时，他们或许在心里，早已满是对你的轻蔑和厌恶。久而久之，就再也没有人相信你说的话了，即使那是真话。这岂不是自毁前途？

所以，远离那些爱说流言的人，任何流言蜚语传到你的耳中，都不要让它再继续传播。无论如何，及时制止流言的传播，会为你带来很多的益处。因此，管好自己的嘴巴，做一个让流言止步的智者。

可以抬高自己，但别以贬低他人为代价

生活中，经常会遇到这样一些人，他们思维敏捷，能力出色，但是一开口就让人觉得他们自负无比、目空一切。他们的傲慢让人很难认同他们的观点和建议。这样的人大多数都爱显摆自己，总是想让别人知道自己有多么厉害。处处都不忘把自己的优点和长处跟别人炫耀一通，同时还喜欢通过贬低别人来抬高自己。这样的人很难得到别人的尊重和赞许，反而会损害自己的品德，无意中将自己孤立。

赵女士每天在单位里总是想方设法让别人注意她的存在。一次，一位同事抱怨儿子只差两分没考上全国某所名牌大学，旁边的赵女士就抓住了机会，接着说道："是啊，我儿子也够让我头疼的，马上升初中了，才考99分。"旁人都明白，她其实是在夸自己呢。九月份，她调动手续办好以后，还以为同事们会热情送别她，结果只有一名例行公事的干部来送行。

故事中赵女士就是自大自负，看不起别人的典型例子。喜欢自夸自炫，贬低别人的人，在职场里往往难以被接纳，无法使自己融入其他人的圈子。

如果对他人怀有不满，不顾自己的人格，不顾损害别人的人格，或者"挑刺找碴"，或者散布谣言，尽力诋毁诽谤，那么，其结果既伤害了自己的事业和同事的感情，又"自取其辱"。这样，不但没有提高自己，反而被人厌恶、鄙视，使自己难以在职场上生存。

懂得合理表现自己的人，说话时也很少用"嗯""哦""啊"等停顿习惯。如果有人言行不太得体，或是某位女性穿着不好看，也不要表现出自己的优越感，投以轻视的目光。如果与某人谈不来，你应该意识到，对方有权保持自己认为正确的思想和行为方式，不必为此而引起争吵；如果有人对你不礼貌，你不用在意，更不必反唇相讥，可以一笑而过。表现自己和贬低别人，其表现往往是一线之差，关键在于把握一个合适的分寸。

其实，每个人都有自身的长短处，在与人交往的过程中，任何人都希望得到别人的认可和赞许，所以会在不自觉中强烈想要维护自己的尊严和形象。如果你在谈话的过程中过于显示出自己傲慢的态度和语气，那么对方的自尊心就等于受到挑衅和轻蔑，从而产生抵触心理。

秦某是某地区人事局调配科的一名工作人员，做人事调配工作是个辛苦不受欢迎的活儿，秦某能力不差，但是在工作的过程中他总喜欢通过挖苦、看不起同事来抬高自己。

在他刚到人事局的那段时间里，正是得意忘形之时。为了和同事搞好关系，他专门在空闲时间请同事们出去吃饭，所以同事们都对他很友善。渐渐地同事们都发现，他每天都是毫无节制地夸耀自己在工作中的成绩：每天有多少人找他求助，哪个几乎不认识的人昨天又硬是给他送了礼等"骄傲事"，自夸之余他还不忘讽刺跟自己一起进单位的小赵："小赵爱抽烟，还得自己掏钱吧？哪天上我家去，我送你两条，别人送给我都是一箱一箱的呢，全是好烟。"弄得小赵无所适从，尴尬退场去忙自己的事儿了。

同事们听了秦某的这些夸耀之后，不仅没有跟他一起庆祝他的"成就"，反而一个个的渐渐远离了他，就这样秦某突然发现自己被同事冷落了，这种感觉很难受。他工作起来再也没有以前的激情了，秦某觉得非常郁闷。

如果你想通过炫耀自己的优点、与他人进行比较来提升自己，以期得到上司的赞赏和同事的好感，那就大错特错。你的工作态度和处世方式，其他人都看得清楚明白，有时候甚至不需要你去刻意展示，上司就会知道你的成绩，同事也会知道你的努力。所以，你不必去依靠那些肤浅的自夸来抬高自己在他人心中的地位，否则不仅得不到你想要的效果，甚至会适得其反，最后影响工作。

贬低他人的人，心胸狭窄，容不下别人的优点。当别人积极进取、已经超越了自己的时候，他们便想方设法地贬低别人，以达到自己心理的平衡。他们贬低别人的目的是抬高自己，但更多时候不会达到预想的效果，因为大多数有理智的人不会只听一面之词。

贬低别人抬高自己的做法，既不客观公正，也不坦诚大方，只能说明一些人心理阴暗与肮脏。了解了这些，我们更应该明白，和善地对待他人、谦逊做人，你会一次比一次稳健。贬低别人的人，最终只能是搬起石头砸自己的脚。

其实，贬低他人未必就能抬高了自己，也许会埋下祸根。相信大家也听说过因为贬低他人而惹来麻烦的例子，所以当我们在为这些人感到惋惜的时候，也要给自己敲响警钟，让自己的职业道德始终保持在正确的方向上。

勺子总会碰锅沿，人与人相处的过程中，产生矛盾是在所难免的，有些事情能够包容对方就尽量不要斤斤计较。要学会爱惜自己的人格，更要尊重别人的人格。不能因为对方能力比你弱或者在某些地方冒犯了你，你就"挑毛病"，或者散布谣言，或做讽刺诋毁之类的事。要知道，这样的人在职场里不受待见。有时候你这样做不但没有抬高自己，反而是"自讨苦吃"，让他人抓住把柄。

巧妙避开雷区，才不会被暗算

在这个竞争日益激烈的社会，公司就是竞争的战场，同事无疑就是战场上最重要的朋友和敌人。在这个战场中，处处存在着雷区，稍有不慎，就可能被炸得粉身碎骨。

下面是一位叫晨晨的职场女孩，讲述自己遭遇暗算的故事：

我遇到过这样一种人，她表面上对你非常亲切、关怀，经常给你说些"心事"。你会被她的"真心"深深地打动，并把她当成知己，所以心事会毫无保留向她倾吐，觉得这样既能释放压力，又能求点建议。其实不然，在你向她倾诉时，正是她积累你信息的过程，如果不及时发现或停止，将来必然要吃大亏。

我办公室里有这么一个人，表面上沉默寡言、面带微笑，实际上却心怀鬼胎、暗箭伤人。当初，我把她当作挚友交往。她长相出众，给人一种温柔的感觉，只是工作能力差，大家都说她是个"花瓶"，就是说她只有样子、没有实力，还暗含着她靠着"枕边风"上位的意思。我还替她打抱不平，心想她不就是靠着关系从普通员工提成干部嘛，没必要这样对她吧！或许是出于怜悯，或许是认为她没什么本事的缘故，我对她毫无防备，态度上也很友好。她也常常找我，有空就和我聊天，说一些私密的话，表现得和我很亲密。

当时，有个和我关系不错的同事劝我："别和她太亲近，你的哪句话说不定会被她传到领导那里去呢！"我当时还觉得没什么。同事有些着急："她每天基本上没干什么事儿，可好处都是她的，你不觉得她和领导的关系很特殊吗？"我笑笑，可我真的不觉得她有什么不好，还想或许是因为有些人妒忌她或对她有成见吧。再说，她就算真的和领导关系好，跟我又有什么关系，因为我是靠能力吃饭，与她不会有冲突。

当时我没有听同事的劝告，我还是像以前一样和她相处。她每次出差回来，都带回些小玩意儿和零食之类的东西给我，我觉得挺暖心的。当然，并不是因为她给我东西我就觉得她好，主要是她让我感觉她心里在乎着我、惦记着我。

那年夏天，单位有个去秦皇岛旅游的机会，在我们科里无论是工作业绩，还是群众评价分数，大家都觉得肯定轮到我。没想到却被她抢了，尽管我心里很奇怪，但也没多想。

去年，我该升职了。我的条件完全达到升职标准，等结果出来，我傻在那里，和我条件差不多的人都升职了，就我没有。我心里不服气，找到领导。领导没有正面回答这件事，反而指责了我的错处：什么总不遵守纪律啦、没有团队意识啦、工作敷衍了事，等等。后来，我才慢慢察觉，这些话我只对一个人说过，那就是她。

她的真面目终于暴露了。我当时恨死她了，这时我才真正明白人心险恶的道理。

"害人之心不可有，防人之心不可无"，这句话在职场中永远适用。晨晨就犯了这个最不应该犯的错误，最终导致她被算计。

职场如战场，一个不留神就可能陷入同事之间的雷区。想要在职场中稳妥行事求得进步，你必须对职场中的种种雷区了如指掌。

1.不要把异性同事仅看作同事

在公司里偶尔聊一些轻松的话题没什么问题，但不要过分。比如与同事吃饭时，大家兴致高涨会说一些"开黄腔"的笑话，但有的人却忽视了异性的感受，让这些笑话变得无耻，甚至淫秽，这会让在场的异性感到恶心。这时，你应该明白，你已经伤害到了别人。

2.不要和同性同事有身体接触

在一些非正式场合，一些同事会搂肩挽臂，甚至不小心地摸你。这些举动会给人一种暧昧的信号，让人尴尬。对于这个问题，许多人虽然厌恶却又难以启齿，但时间长了，这种行为轻佻的人就会被别人疏远。

3.不要主动去"关心别人的工作"

大家虽然都在一个公司里，各有各的职务范围，但现实中许多人在工作之余却总爱不自觉地去"关心"别人的工作。虽然你也许是好心的，但是你在别人工作的时候可能会打乱同事的思绪，也可能让同事觉得你管得太宽。

4.不要把自己当成别人的心灵导师

职场中千万要记住：不要试图扮演类似角色。公司里同事关系的基础是工作关系。大家在从事同一种工作的时候，往往会出现一些工作上的矛盾，这种矛盾的根源多是观念和行为方式上的不同。如果你想站在心灵导师的位置来解决这些问题，往往会使问题放大和复杂，甚至激起同事的反感。

5.不要把情绪带到办公室

每个人每天都会有不同的情绪，如果你把这些情绪带到办公室里，无疑会让同事知道很多信息。这些不明确的信息有时会让别人关注你的私事。另外，你的消极情绪也会对其他同事造成消极影响，让整个办公室陷入沉闷的氛围之中。这种气氛反过来又可能加剧你原有的消极情绪。所以，上班之前，要先把情绪调整到最佳状态。

6.不要轻易使用"绝对不行"这个词

在办公室里，"绝对不行"这句话可能最令人厌恶。因为当一位同事向你咨询一个问题时，他是在寻求帮助或者希望得到心理上的鼓励，其内心是希望这件事"能行"。此时，如果你果断否定对方，就等于无意间伤害了对方。

7.不要对抗上司的指令

如果你不能为上司尽责，也就不可能为本部门尽责，即使有时你是对的。对于上司的决定，你要尽力去完成。如果觉得有问题，也千万不要去抵触，而要去沟通，这样才能解决问题。

8.不要参与小圈子

在公司中，有时会出现各种各样的圈子，圈内人往往以此为荣，但这是非常危险的。如果形成一个圈子，圈内人必然会形成排斥圈外人的心态，这种排斥心态在同事中引起的第一个心理反应就是厌恶，因为同在一个屋檐下为老板打工，没有人会坦然接受你的排斥。此外，形成小圈子，也不利于公司的良性发展，领导迟早会把小圈子打掉，如果你参与其中，必然是受到清洗的对象。

第九章 进退自如
适可而止不逾底线

进退自如是一种为人处世方式，

提醒我们该进时进、该退时退。

当然进或退要根据当时的实际情况而定，

即把握好分寸。

如果把握不好进退的分寸，

不懂得变通，

很容易在为人处世中处于被动的局面，

从而导致处处受限，

难以让梦想照进现实。

竞争不可避免，双赢是最好的结局

小郭和小姚两个人同时竞争公司的某个职位，因为小郭在领导面前说了小姚的坏话，小姚心生恨意，决定报复一下。一天晚上，小姚找了两名好友去"教训"小郭，把小郭暴打一顿，目的是让他不能如期参加竞选活动。结果在打斗中，失手将小郭给打死了，小姚因此被判了20年的刑。一个死亡，一个入狱，是不是很可悲？这就是不正当竞争的恶果，同事之间的竞争毕竟不是生死之战，出现这样的结局真是让人感到痛惜！

我们每个人都渴望实现梦想，过自己想要的生活。但是，在与对手竞争时，要本着公平、公正的原则，而不是要心机、玩手段。

无论是在职场中，还是商场中，即使你非常讨厌竞争对手，也不要表现得太过于直白，要掌握好分寸。如果太激进的话，势必会引起其他人的反感，也会影响你的形象，这样更不利于你的竞争。

真正明智的竞争应该是厚积薄发，用实力说话，劲儿要用在暗处，这样才不会伤及对方的面子。如果搞得太僵，就算你胜利了，也会被对手记恨。什么是真正的胜利？是你赢了，你的对手还去恭喜你，而不是耿耿于怀、怀恨在心！

老李是某公司的一名老员工，最近和一个刚来的应届生很不对付。老李已经在这家公司干了4年多，眼看就要升职了。这天，老板突然把这个小伙子安排进老李所在的部门，据说，这个小伙子是名校毕业，虽然工作经验不多，但看起来一副自信十足的样子。老板很喜欢这个小伙子，很可能要提拔他，小伙子无疑就成了老李的竞争对手。

虽然老板很欣赏这个应届生，可毕竟老板不经常和员工在一起，很多情况都不了解。老李却清楚得很，这个小伙子喜欢吹牛，做事前喜欢瞎保证，很多事都不能善始善终。还有，他做事从来没什么规划，很多时候都是"临时抱佛脚"。更让老李郁闷的是，他完不成的工作，往往都要老李来"收拾残局"。

老板只看结果，觉得那个年轻人干得不错，事情办得很好。其实，老李也有很大的功劳。为了让老板知道真相，更清楚地看到自己的能力，让老板提升自己，老李决定靠实力说话。

有一次，整个部门都要去外地推广新产品，要在广州待半个月。老李想，这是个展现自己能力的好机会。于是，他就跟老板说，自己的儿子病了，自己去那么远，对生病的儿子不放心，希望老板让他留在公司，不去广州进行新产品推广。老板答应了老李的请求，把他留在公司。当时，整个部门只剩下老李一个人，在这半个月里，他必须代替整个部门和老板一起讨论所有的问题。正好，老板接了一个新产品，老李使出浑身本领，写了一份完美的产品策划书。老板一看非常满意，再加上这段时间的频繁接触，老板对老李的才能有了新的认识。对老李来说，这半个月的工作比过去的3年都有意义，也可以说这是老李的职场转折点。老李用自己较强的工作能力和严谨的工作态度赢得老板的认可。渐渐地，老李在部门里有了地位，而那个新来的年轻人，最后变成老李的手下。

在这场没有硝烟的战争中，老李用自己优秀的能力展示了自己的与众不同，而没有采取任何不道德的手段去牺牲同事、突出自己。以损害别人来谋求自己利益的人最终都会被揭穿，也会被大家所唾弃。我们只有靠成绩来证明自己，才能得到领导的赞赏和竞争对手的敬重，而不是走什么歪门邪道、搞阴谋诡计。

其实，竞争是不可避免的事情，双赢才是最好的结局。尤其是在职场中，同事间竞争，是件很常见的事情。然而这种竞争与外部环境的竞争相较又有很大的不同，同事间的"竞争"不是单纯的竞争，存在共同的利益、共同的目标，又掺杂个人感情，或是部门间、上下级间的复杂关系。俗话说得好，"一山容不得二虎"，那么同事间的竞争，应该如何对待呢？

　　"双赢"意识很重要。双赢的目标不是赢，而是在追求共同利益的过程中，强调能够与竞争对手合作，共同推动目标更快更好地实现。所以这种竞争是在目标一致的前提下，相互协作，达到双赢的结果。

　　有个故事很形象地说明了这种竞争关系。一头狮子和一只野狼同时看到一只羚羊，它们决定一起去捕猎。由于配合得很默契，很快狮子就咬住了羚羊。然而此时狮子不想和狼分享猎物，于是狮子和狼之间的争斗开始了，结果是狼被狮子咬死，狮子也因此受到重伤而无法享用美味。显然，这样的结果不能称为"赢"，而是两者皆输。

　　同事之间的关系，既有合作又有竞争，过分强调竞争心态，合作就不会顺畅。从工作目标来看，有一个有实力的竞争同事，对自己能力提高也有很大的助力，而过度主张个人英雄主义、缺乏团队协作，在职场中难以取得好的业绩。正确的做法是要把这种竞争目标放在外部环境中，挑战更有能力的对手，不仅个人能力会在团队合作中得到锻炼，而且自己的视野也会更广。

面对竞争对手，既要大方更要大气

众所周知，微软和苹果两大公司从20世纪80年代开始就一直处于对立状态，约伯斯和比尔·盖茨为争夺个人计算机这一新兴市场的主导权展开了激烈的竞争。到了20世纪90年代中期，微软公司明显占据优势，占领约90％的市场份额，而苹果公司则步履艰难。但让所有人惊讶的是，1997年，微软向苹果公司投资1.5亿美元，把苹果公司从倒闭的边缘救回来。2000年，微软为苹果推出Office2001。从此，微软与苹果真正实现双赢，它们的合作关系进入一个新时代。

许多人无法理解的两件事都发生在比尔·盖茨身上，但这绝对不是一个偶然。比尔·盖茨的成功，源于很多因素，包括他对商机的把握、他天才的设计能力，还有他对自己对手所采取的态度。

面对对手，一定要坚持不懈、咬紧牙关、迎难而上、决不退缩——这似乎是共识。但聪明的比尔·盖茨选择另一种方式：站到对手的身边，把对手变成朋友。

"优胜劣汰"是一种竞争，更是生存法则，存在于任何行业、领域、部门。一项职场研究显示：超过一半的职场白领把同事视为竞争对手。他们觉得，这是由工作环境造成的。比方说一个部门两个人，只有一个能升职，那么毫无疑问，同事就是你的敌人。既然是敌人，就不可避免地有一场明争暗斗的对抗。但是，真的有必要把这种对抗以敌对的方式展现出来吗？如果那样，每天生活在同一个办公室内，到处都充满火药味，对个人和公司来说都是不利的。

那么，如果你面对竞争对手，该怎么把握好分寸呢？

1.热情、公开地拥抱你的竞争对手

观看体育竞赛的时候，我们经常会发现这样的画面：比赛前，双方都要握手致意或拥抱，比赛后也会重复一次。明明是势不两立的竞争对手，相见时仍然要握手问候……很多人认为这是一件很难办到的事情，因为大多数人遇到自己的对手都会有"先灭了他再说"的冲动。如果环境不允许或没有能力干掉对方，至少也会表现出一种冷漠的态度，或者说一些让对方不爽的话。其实，当你做出当众拥抱对手的动作时，对方会因为你的宽容而减少对你的敌意，而你也会因为宽恕了你的"仇人"而放松了自己。

实际上，当众拥抱竞争对手的人，往往能占据优势地位。因为你公开"示弱"，不仅迷惑了对方，让对方弄不清你对他的态度，同时也迷惑了围观者，弄不明白你和对方究竟是敌是友，甚至可能误以为你们已经"和解如初"。当然，是敌是友，只有你自己最清楚，但你的主动，却让对方陷入被动。如果对方不来"拥抱"你，那么他就会被众人视为没有风度的小人。当众拥抱你的对手，不管从哪个角度看，你都是赢家！

当众拥抱竞争对手的举动一旦展现出来，会让人们觉得你是心胸开阔之人。有大度才能成大事，这是成功之道的基础！

2.对手很强，打不败对手时可以化敌为友

如果你能把强大的竞争对手转化为自己的合作伙伴，就是一场胜利。你和对手成了朋友，就降低了对自己的威胁，相对就提升了自己的实力。

1957年，当时还不出名的约翰·列侬在一场小型演出里遇到15岁的保罗·麦卡特尼。演出完毕后，保罗指出约翰唱得不准，吉他也弹得不好，约翰很不高兴。于是保罗用左手演奏了一段优美的吉他，向约翰展现了他的才华，而且他能背下所有的歌词，这让约翰大吃一惊。约翰暗想，与其让这家伙成为自己未来的对手，还不如现在就请他加入。就在这一天，20世纪最成功的音乐组合诞生了，约翰和保罗联手合作，创建了"披头士"乐队。这支乐队后来红遍全球，成为历史上影响最为深远的乐队之一。

事实证明约翰当初的选择是明智的，不仅减少了一个竞争者，而且增加了一个友人，最后成就了彼此。如果你现在正遭遇一个强大的对手，不要一定和对方斗个你死我活，不如采用变通的方法，把你的对手变成你的朋友。一旦你们成为朋友，就相当于你消除了"敌人"。

3.在竞争中，不争者往往是那个胜利者

刘荣原本只是一家股份制企业的普通职员，她刚进公司的时候，谁也没把她这个不起眼的人当回事。可就在几天前，她竟然被公司推荐为人事主管的候选人，这让很多人都感到惊讶。

回想起来，她来公司应聘时，连工资都没问。在岗位上，别人不喜欢干的活，她总是爽快地接下来。有人说她傻，可她只是笑笑而已。

梦凡也是竞争者，她平时凭借自己有后台，谁都不放在眼里。她到处贬低刘荣，见人就说："刘荣一副呆样，根本不是做领导的料。"刘荣知道后，说："她说的也有道理，我就是缺乏领导的气质。其实当不当这个主管，我无所谓。我喜欢我的工作，喜欢和同事一起进步成长。"最后领导斟酌再三，决定让刘荣担任主管。

孙子在兵法中曾说，战争的最高境界是"不战而屈人之兵"。故事中的刘荣正是运用了这一点，笑到了最后。

4.抬高对方的自尊

这一点很重要，它能在很大程度上激发对方的积极性。提升对方的自尊，对方一开心，就可能避免把对话升级，尽可能降低或消除未来的敌意和怨恨。你可以提到自己工作中的几个方面需要你的同事给予建议或指导。如果你能把这些方面进一步明确，你的同事可能也不会太反感。

不要把对手逼上绝路

不要一味地对对手穷追猛打，把对手置于死地，这对你并没有什么好处。在获得胜利时，不能太过骄傲，要对失败的对手友善，尊重他的成绩，给他一些尊严，千万不要把对手逼到绝境。

一家贸易公司的老板，做生意非常厉害，运用"吞食小鱼"的并购策略，将当地大小十几家企业全都收入囊中，形成一个局部垄断的大集团。他最爱的一句诗就是毛泽东的"宜将剩勇追穷寇，不可沽名学霸王"，出手狠辣，不给余地，因此扩张得特别快。

可是，此举惹恼了许多人，特别是那些失去现有财路、又没有机会另谋出路的人。就在这家公司生意火爆，名声如日中天的时候，一些被他击败的对手找到了他在某项投资中"官商勾结"、暗箱操作的证据，举报给了经侦部门。这个曾经霸气十足的商业帝国，就这样一夜之间土崩瓦解。

当你在竞争中获得胜利、你的对手却面临失败时，如果你能真心地体谅他、帮助他，那么在下一次的竞争中，对手成功、你失败时，他就会用同样的方式来对待你，给你安慰和帮助。只有在和谐的竞争氛围中，与对手互相理解、互相支持，才能避免一些不必要的烦恼和痛苦，你在职场上的路才能，越走越开阔越走越顺畅。

况且，你当时的成功，也暗藏着失败的因素。乐极生悲之事随时都有可能发生。而对手当时的失败，也很可能是他的成功之源。而在现实工作中，许多人说话做事总是不会给同事特别是给对手留下余地，弄得对方十分难堪。事实上，换个角度认真想一想，如果你自己处在这种境地又会怎么样？很显然，人一旦处于这种境地，不仅仅恨对方，也恨自己，恨自己无能、无力，甚至会怀疑自己存在的价值和意义，从而产生很强烈的人生挫折感和失落感。那么，有过这种体验和经历的人就应当换位思考，为对方想一想，如果自己通过努力证明自己比对手强，完全有能力搞定对方，就应当适可而止，别再紧追不舍，非要把对方置于死地。那会使对手遭受如自己当初一样的打击与屈辱，从而孤注一掷，反戈一击。这样的结果即使胜的可能还是你，但你所受到的伤害与损失绝不会比对手少多少。

所谓"杀敌一千，自损八百"，说的就是这个道理。所以，除非迫不得已，还是不要"穷追猛打"。其中的原因有以下两个。

首先，冤家宜解不宜结，问题解决了就要给对手一个面子，否则，对方记恨你，将来还会找你麻烦。和对手发生争执，一来不一定能占上风；二来浪费时间和精力，对于解决问题没有什么好处。相反，换一个角度，换一种方法，另辟蹊径解决问题反而会更有效。一旦问题解决了，你生气的原因也自然消失了，如果这时候你还不息怒，还让那些本来已经很尴尬的人下不来台，那实在太不值得。你应当想到，这一次人家阻碍了你，给你添堵。也许下次你还需要人家。要是人家记仇，你还会有更大的气要受。相反，如果你能够适当给他一个台阶下，他会感激你的大度，下一次办事时也许就能给你帮上忙。

再者，在人际交往中不能把事情做得太绝，不妨化敌为友。每个人受到委屈后，基本上都会产生报复心理。如果一个人在有了实力，或是掌握了对方的把柄，完全有能力搞定对方时，能够适当地利用这种优势，以一种宽厚大度的方式来对待对方，赢得他的信任与感激，再进一步通过其他方式来加深彼此的感情，那么不但会避免树敌的可能性，而且还可能多一个可以信赖的朋友。

你与对手竞争的结果必然会是一方得意、一方失意，双方在面子上不可能处在平衡的位置。为了与对手保持良好关系，你有必要注意以下几点：

1. 不要过分地炫耀，以免刺激他人，使他人产生强烈的失落感，或是引起本来不嫉妒的人产生嫉妒。你若为你的成功而沾沾自喜，那么你的快乐很快就会换来苦涩。

2. 与对手相处时，低调一些，对其更加有礼、客气，千万不要有傲慢轻视的态度。这样就可减少别人对你的嫉妒，因为你的低姿态使某些人在自尊方面获得了满足。

3. 适当地掩"优"显"瑕"。比如，承认自己唱歌不行、外语很差等，让对手心里觉得"他也有不完美的地方"，从而缓解对方的失落感。

4. 多与你的对手交流，真诚地寻求与他合作。当然，也要适时夸奖对方比你强的地方，这样或许能减轻他的不满与敌意。

如果没有可乐，就给他一杯咖啡吧

当有人向我们求助时，我们要尽力帮助，助人就是助己。但是，有些事我们确实是力不从心、有心无力，这时候该怎么办？难道就任由朋友失落而去吗？不，这样做无疑是在伤害彼此的感情。我们会想，如果能对对方有所弥补就好了。这就是补偿效应的应用。

补偿功能本来是人体的一种生理适应机制，是指当身体的某一器官有所缺损或功能衰退时，另一器官的功能就会相应增强，以补偿不足。比如视力较弱者，往往嗅觉、听觉都比较敏锐，这在一定程度上补偿了视觉缺陷。人体固有的补偿功能使一切生理缺陷都可以在一定程度上得到补偿。

人们在应对社交事务时也在利用这一效应。比如，一个人失去亲人后感到非常悲伤，此时，真挚的友情和支持会给他带来安慰，在一定程度上缓解他失去亲人的痛苦。这是一种"替代"的方法，可以使人们从失落、痛苦和消沉中尽快走出来。

还有一种叫"转移提升"的方法，如在生活中遭遇不幸，将注意力转移，不把过多眼光放在不幸上，而是放在如何解决具体问题上，从而激发更大的潜力，实现自我价值。

老安在一个研究院工作，他不仅为人诚实、工作努力，还逐渐成为该院的技术核心，单位的事情总少不了他。可是多年过去了，他一直没有如愿拿到工程师职称。为此，老安很烦恼，经常抱怨，脾气也变得很差。但时间一久，老安想，这样不但解决不了问题，反而把生活搞得很紧张，家庭和工作都不顺心。于是他决心奋斗，要从别的方面弥补自己的不足。想通了之后，他开始学习英语、商业知识等。他想条件成熟后去搞自己的科技公司，这使得他有很多的话题和朋友交流。这时再看那些拿到工程师职称的人，有的却已经松懈，没有了动力，生活过得并不快乐。

老安评职称屡屡受挫后，把精力转移到别的地方——学习、创业以及与朋友交流等，这些弥补了他内心的失落，使得他的生活展现出另一种精彩。

从心理学上看，这种补偿效应，其实就是一种"逐步转变"的过程，即人们可以通过发挥自己的长处、优势，从而追赶或超越他人的一种心理调节模式。

善于观察人心的人，懂得利用人的补偿心理来达成交往的目的。如果不能满足对方的这种需求，就想办法利用另一种需求去满足对方。这时对方同样会很感谢你，也可以有效拉近彼此之间的距离。

魏红是一家公关公司的经理。有一次，她帮助一家大型公司筹办年会，其中一个很重要的环节是组织全体员工唱歌。事先准备好的员工陆续上台演唱，气氛非常热烈。在整个晚会快要达到高潮的时候，魏红特地安排这家公司的老总上台唱歌。这个老总没有提前准备，感到很惊讶，但是在员工们的热烈鼓励下，老总只好走上台，勉为其难地唱了一首歌。可是老总实在不擅长唱歌，所以很多地方都走了调。这时魏红才意识到自己计划出现失误。

为了弥补自己的失误，魏红偷偷找到老总的秘书，从秘书那里得知老总很精通拉二胡，于是魏红很快找来一把二胡。在晚会最后，魏红把老总演奏二胡作为压轴节目。老总虽然二胡拉得很好，但平时很少在公开场合表演，这次他愉快地登台，非常专注地为大家演奏了一首曲子，赢得了全体员工的热烈掌声，也把晚会气氛推向最高潮。

在这个故事里，魏红运用补偿心理，及时纠正了自己工作中的失误。她让老总用精湛的二胡表演来弥补他之前糟糕的歌声，这样一方面缓解了老总在唱歌方面的不足，让老总得到心理平衡；另一方面，精湛的二胡表演改变了员工们之前对于老总五音不全的不好印象，保持了老总的权威形象。

每个人在得到帮助的时候，都会心存感激。所谓知恩图报，就是这个道理。因此，当无法满足对方的某个要求时，我们可以通过别的方式补偿对方，正如："如果没有可乐，就给他一杯咖啡吧！"

向对手学习，提升个人魅力

阿里巴巴集团的主要创始人之一马云曾说过这样一句名言：心中无敌，方能天下无敌！马云认为，他从不把任何人当成敌人，而是把每一个竞争者都当成学习的对象，去借鉴竞争者的长处，去反省竞争者的教训，最终自然无人能敌。这其实是最高明的对付竞争者的方法。想想看，当竞争者在你面前没有任何优势的时候，他还能跟你争吗？显然是不行的。历史上，很多成功者都会把竞争者当成自己最好的老师，从学习竞争者的经验和教训中，逐渐走向成功。

刘丽刚从大学毕业，就在一家外企的招聘会上胜出，得到了录用。而该公司本来打算招聘一名有工作经验的高级会计，却因为刘丽拿出的一元钱而改变了主意。

由于没有工作经验，刘丽在面试时就被拒绝了，但她恳求主考官："请给我一个机会，让我参加笔试吧。"主考官被她的诚意打动，就同意她的要求。结果，她以优秀的成绩通过了笔试，在复试中，当人事经理知道刘丽没有工作经验时，打算放弃。于是，人事经理对刘丽说："今天就先这样，有消息我会给你打电话的。"刘丽听了，向经理点了点头，并从口袋里拿出一元钱双手递给经理说："无论录取与否，都请您给我回个电话。"

人事经理很惊讶，问："你怎么知道我不会给没录取的人打电话？""您刚才说有消息就打，那就是说没消息就不打了。"

人事经理对刘丽很感兴趣，问："如果你没被录取，我给你打电话，你想问些什么？""请您告诉我，我哪些地方不符合你们的要求，我好提高。""那钱……"刘丽笑着说:"给没录取的人打电话不是公司的正常花销,所以我出电话费,请您一定打。"经理笑了笑说:"请稍等,我跟区域经理汇报一下。"区域经理听了人事经理的汇报后,对人事经理说,把钱还给刘丽,不用再打电话了,现在就告诉她:已经被录取了。

而这个办法,正是刘丽在上一次招聘时,向一个竞争者学习的。那一次,刘丽的成绩比她的竞争者好,但她的竞争者却被雇用了,她不理解其中的原因,就诚心地向竞争者求教,竞争者被她的真诚感动,就把自己应聘多次总结的经验传授给了她,结果这一次她就灵活地运用了,并取得了良好的效果,最后应聘成功。

"向谁学,学什么,如何学",一直是许多人困扰不已的三大难题。其实,最好的学习对象就在你的周围,那就是你的竞争者。向谁学?向竞争者学习。学什么?学习竞争者成功的经验和失败的教训。怎样学?用敏锐的眼光和广阔的胸襟虚心向竞争者学习。向谁学和学什么,这两个问题都比较容易解决。夏普公司就是通过分析竞争者英国隆姆洛克公司和美国威尔公司的经验教训,获得了先机。但是,怎样向竞争者学习,这就需要你的眼光和胸怀。

2001年,微软副总裁李开复到北京,发布微软新开发的WindowsXP。在与媒体记者聚会时,李开复给记者们讲了一个故事:微软有一个团队,专门研究竞争对手的情况,包括什么时候推出什么产品,产品的特点是什么,有什么市场策略,市场的反应如何,有什么优势、什么劣势等,微软的高层每年都要开一个会,听这些研究人员来讲竞争对手的情况。

在场的记者当时都纷纷揣测,微软这样做的目的是找出对手的"漏洞",好及时泼冷水,还是为了趁火打劫?但是李开复的回答却让记者们意外:微软这样做是为了向竞争对手学习。李开复解释道:我们是为了借鉴对手的优点,总结对手的成功经验,吸取对手的教训,避免重复对手犯过的错误,以便更好地提高自己的竞争能力,战胜竞争对手。

这所体现的,不仅是一种明智的企业管理之道,更是作为一个成功企业典范的气度和胸襟。

　　竞争并不可怕，没有竞争才可怕。喜欢武侠小说的人都明白，一个武林高手最孤独的是没有敌手，从而陷入"孤独求败"的状态。因为没有敌手，他就认不清自己武功的不足；没有敌手，也就无法激发其最大的生命潜力。正如"天外有天，强中自有强中手"，竞争者才是你重点学习的对象。

巧妙隐藏动机，意图不要太明显

小史是一名学工商管理的大四学生。在毕业前夕，老师推荐他们同专业的几个人去一家大型外企实习。对于学习工商管理的人而言，有机会去大型外企实习，这无疑是非常好的就业机会。所以，他们都非常珍惜。

当小史踏入公司第一步的时候，便被优雅、高档的环境所吸引，他心中开始有了自己的计划：他要利用自己实习的机会，好好表现，留在这个企业。于是，在后来的工作中，他总会在上司面前刻意地表现自己。每次当有同事让其他实习生去经理或者老总办公室送文件的时候，他都会想方设法地抢到自己手里。他试图通过送文件增加与领导接触的机会，以便给领导留下好印象。空闲时间，他更是主动去经理和老总办公室，帮他们收拾办公桌、整理文件等。

两个多月的实习时间过去了。在结束的时候，他还曾主动找过自己部门的经理，自我推荐了一下，并声明自己特别希望留在公司继续做事情。他以为这次实习结束后，自己一定会被留下。可在实习结束后，公司宣布留下的两个实习生中却没有小史。对此，公司做了这样的说明：公司需要踏实做事的人，而不是只为个人目的、个人动机做事的人。

小史之所以没能留下来，不是他表现得不够好，也不是他没有实力，最主要的原因是他在为公司以及其他人做事情的时候，表现得太过功利性，意图太明显了，进而让经理认为他做事情不够踏实。从小史的经历中，人们应该得到这样的启示：在做事情的时候，意图不能表现得太明显，否则只会遭到人家的反感。

刚进厂那会儿，小叶卖力地干活，勤劳肯干，从不偷懒耍滑，一心想好好表现以图得好的收获。也曾有人问，别人都不积极，或无所事事，或趁机偷懒，你为什么那么认真呢？小叶还老老实实地说，像我这样没有关系网庇护，没有文凭做后盾，而且又资历最浅，只有做好工作，干出成绩，才能受到领导的赏识吧！猛一听，小叶的话并没有错，其实细分析，就错了，因为他这样回答暴露了他的目的是"受到领导赏识"，进一步讲就是希望得到提拔重用。于是，有人就好像抓到了他的把柄，借机就到处说他爱出风头爱表现，好大喜功，沽名钓誉，如此等等。一传十，十传百，小叶的形象和他辛辛苦苦地做出的成绩受到极大的影响。

为此，一名和他关系甚好的老工友还语重心长地找小叶谈心，指出了他的不足，一样的话，换种说法，可能效果就截然不同。就好比你去买衣服砍价，你一降再降，店主说不能再降了，那你就走，店主往往会叫住你，同意你的价格。同样，在职场上，那些经常把"不图升官，不图发财"挂在嘴边的人，往往是把个人利益看得最重的人。从此，小叶把积极工作的目的定位在"为责任，为成长，为事业"上，慢慢地，上司果然对他刮目相看，重点培养。只是，让小叶焦虑的是，虽然他是工厂技术骨干，但是这薪资却几年未见调整。

而这眼看着就要到年关了，盘算一下回家的路费、给家人买礼物、回老家需要给的人情费用以及买年货要花的钱，小叶不由得心生焦虑，眉头都拧成一团了。如何是好呢？平日里买瓶饮料倒还有过"买一赠一"的好彩头，可是隔三岔五地买彩票却从没中过什么大奖。这次，只能眼巴巴地指望着公司这次年底调薪升职能有自己的名额了。

终于有一天，积攒了许久勇气的小叶去找经理汇报工作情况和关于技术创新的想法，在得到经理的再次肯定之后，小叶列举出自己这几年的业务技能提升及所做的项目成绩，同时感谢公司和上司的培养。当领导欣闻此，例行勉励下属，关怀下属生活时，小叶就流露出近来生活开销也越来越大，日渐囊中羞涩，聊以温饱，不如另谋生计的念想。经理听闻此言，当即表态，公司一直都知道你的辛劳付出，况且我一直很看好你，我会考虑你的需求的。

为了"趁热打铁",谈话结束后,小叶随后写了一封言辞恳切的邮件给领导,眼看着领导的书面回复,小叶这才吃下了"定心丸"。

小叶在工友的点拨后,把自己的目的隐藏起来,采用"声东击西"的方式达到了自己的目的。在职场谋略上,"声东击西"是一个屡试不爽的策略,同样大有用场。比如在公司想加薪升职也不能向同事表示真实意图,否则,可能弄巧成拙,后果不堪设想。

所以,在职场上当你有所意图时,不需要表现得太明显。例如当你试图说服同事,接受你的观点,或者按照你的想法做事情时,如果动机表现得太强,对方就会很容易感觉到你的别有用心,或者另有企图,这样他们就会有戒备心理。而一旦对方有了戒备心理,你也很难去说服他们按照你的意志办事情了。

此外,我们还应该看到这样的现象:当你动机太强的时候,你的行为就会不受控制,进而表现得太过急功近利,或者太过有目的性,结果让人一眼看穿、看透。而人们又有不受他人支配的心理,当他们知道了你的动机或者别有用心后,便会出于自我保护心理,本能地拒绝你,甚至朝着与你最初动机截然相反的方向做事。

及时止损，该放弃时要果断

也许你也经历过这样的场景：

大屏幕上正在播放着无趣的电影，你在下面坐立不安，想偷偷逃离，又舍不得电影票钱。

遵从父母的意见选了不感兴趣的专业，大学四年里一直徘徊在放弃的边缘。毕业时想要从事非常热爱的自媒体行业，父母却劝你扎根老本行，是顺从内心的愿望坚持爱好，还是听从于父母的劝说，继续选择不喜欢的行业？你迷茫不已。

陷入一段感情，对身边的人了解得越深，越发现彼此三观不合；相处越久，爱意变得越淡。"难道分手吗？可是已经付出了这么多……"你犹豫不决。

经济学领域里有个专业术语，叫"沉没成本"，指的是因为过去的决策已经发生了的，不会被现在或未来的任何决策所改变的成本。比如说，花费在某项工作上的时间、投入在某个人身上的感情。经济学家薛兆丰说："沉没成本不算成本，因为它不能给你带来收益。"

这一类本来应该被我们果断舍弃的成本，在现实生活中却成了阻碍我们前进的最大障碍。你如果不敢在该放手的时候及时放手，反而盲目投入更多新的成本，恐怕会导致一个"两败俱伤"的结果。你应该在适当的时候选择放弃，否则只会一次次遭受新的打击。

比如，贪图新鲜买了一堆款式时尚的衣服，以为总能找到合适的场合去穿，谁知它们一直被放在衣柜里，直到长了毛；明明吃饱了，为了不浪费食物还在拼命吞咽，最后伤了胃……

我们身边不乏这样的例子。我们好像变成赌博上瘾的人，总想着翻本，岂料越陷越深。面对过去那些无用的投入，你能够及时止损，寻找另一个正确的路径吗？还是一味增加成本，直到把自己逼入冰冷黑暗的绝境？

IBM公司如今声名显赫，但它也曾经历过艰难的抉择。20世纪初期，列表机公司、计算表公司和国际时代唱片公司联手合作，组成了IBM的前身——CTR公司。

公司的高层制订了雄心勃勃的产品规划，他们将产品线拓展得很广，不断推出员工考勤系统、计量器、自动切肉机等主要产品。可惜这些产品在市场上并没有取得预期的效果，反而屡屡受挫。公司的发展因此陷入停滞，甚至日渐衰落。

公司的高层人士在这个关键时刻做出果断的决定，暂停所有的生产计划。他们分成两个阵营，一派坚持原来的方向，另一派建议开拓新的思路。经过多次激烈的讨论，最终达成一致：毅然放弃已经投入的成本，将所有资源和资金集中在穿孔卡片这一项目上。

IBM公司坚持执行这一战略，不受外界的任何干扰。几年后，公司生产的打孔卡计算器销售火爆，带来了巨大的利润。就在这时，世界上第一台电子计算机诞生了。IBM公司的高层紧急召开会议后，再次做出了放弃已经取得丰硕成果的穿孔卡片业务，专注于电子计算机的制造和研究的决定。这也为IBM公司的发展和壮大打下了基础。

学车的时候，教练总是不断地强调："眼睛要注视前方。"而面对人生的岔路，我们也要学会将视线投向远方。该放手的时候，一定要果断行动，主动放手。

当你明白一切向前看时，你会发现过去的路已经不那么重要。过去的就让它过去，重要的是未来。不要斤斤计较于过去的选择与投入，既然那些付出已经不适应现状，何必"加码投资"，让自己越陷越深呢？

作家曹文轩曾有过这样一段经历。一次演讲中，遇到一个中年男人。男人递给他一叠厚厚的诗稿，说自己很想听听他的评价。曹文轩从欣赏者的角度细细阅读了男人的作品。

读完后，曹文轩问男人："你写诗多久了？"男人苦笑着说："我已经写了快十年了，可是我的作品一直都没有得到好的反馈，想要放弃又不甘心过去的投入。"

曹文轩问："那你平时做什么工作呢？"男人说："经营一个水果摊。"曹文轩问男人开心不开心，男人点点头说道："做生意其实是一件很快乐的事。"

曹文轩笑了，对男人说："那你还是专心地经营自己的生意吧，你真的不太适合写诗。"男人一愣，然后笑得很轻松。临走前，他说："我咨询过很多著名作家，他们都说只有努力坚持，之前的那些付出才不会白费，可是您让我明白了，原来我真的不太适合写诗。"

付出越多，就越不舍得放弃。因为心有不甘，所以陷入了"沉没成本"的误区，拼命想着翻本，只盼着能"等到风景都看透"。可是，明明知道方向不对，还要固执地坚持，只会让自己伤痕累累。

生活中，真正高情商的人能够调节那种不甘心的情绪。如果你难以做决定，不妨问问自己："继续下去真的能让一切变得更好吗？选择放手是否另有一番天地？"深入思考，衡量利弊，你就知道下一步该怎么做了。

所以，下一次，当你发现这场电影实在很无趣时，不妨果断离开影院，去做一些真正快乐的事情；当你发现读的专业实在不喜欢，不妨鼓起勇气去尝试一些自己真正擅长且喜欢的工作……你要果断放弃那些本末倒置的选择，朝着心中的梦想不断前进！

学会拒绝，才能减少麻烦

在日常生活中，的确有很多的人和事是很难拒绝的。譬如说，上司命令你加班、铁哥们求你帮忙、老朋友向你推销东西……很多时候，你明明很想大声说出"不"，但总是因为各种各样的原因，活生生地把这个字咽回去了。

但是，很难拒绝并不意味着你不需要去拒绝，学会拒绝对所有人来说都很重要。一个不知道该怎样拒绝的人是可怜的，同时也是可悲的。不懂得如何拒绝，就往往会被自己之外的人和事所拖累，给自己带来了麻烦不算，还有可能落得一个吃力不讨好的结果。

在某一年的春节联欢晚会上，曾经演过这样一个小品：一个小员工为了不让人看不起自己，就装作自己特别能干，不管谁求他办事，也不管会遇到多大的困难，他都会全部应允。有一次，他为了帮别人买两张卧铺票，曾经亲自通宵去排队，结果不但害苦了自己，还闹出很多笑话……

演员们的表演或许有所夸张，但生活中的确不乏与小品中类似的人物。有些热心肠、好面子又不善于拒绝别人的人，因为担心拒绝别人会失去人缘或是朋友情谊，于是经常违心地答应别人的要求，结果不仅浪费了大量时间和精力，自己心里也常常觉得不自在。

小马是一个不会拒绝别人的人。一个周末，小马突然接到一个陌生的电话。打电话来的是小马同村的一个老乡，第一次来北京，因为听人说小马在北京发展得不错，就想跟他见个面，吃顿饭。小马完全想不起来这样一个人，担心被骗，本来想拒绝，可是话到了嘴边，他又想："如果真是同村的老乡，人家大老远过来，人生地不熟的，就这样拒绝了，说出去也不好听。

还是先答应下来吧，一会儿再打电话回家问问。"于是，小马便和老乡约好了时间、地点，等那边高兴地挂了电话，才赶紧打电话回家打听。

父亲在电话那端告诉他，村里确实有这么一个人，之前一直在外面打工，所以小马并不熟悉。小马当下就松了一口气："幸好没有贸然拒绝！"

本来说好，随便找家餐馆吃饭的，可是到了约定的地方，老乡突然改变主意了："我听村里人说，你一个月能挣一万多块，要不你请我去吃烤鸭吧！我还没吃过呢！他们说，全聚德的烤鸭最有名了，咱们就上那吃吧！"小马一听，心里不乐意了，月薪一万是没错，可是，他刚买了房，每个月都要还房贷，手头的钱其实并不多。全聚德的烤鸭，自己来北京几年了，也没吃过几次。

一看小马犹豫，老乡也有些不高兴了："算了，算了，还是随便找个地方吃吧！"这下，小马又有些不好意思了，心想，没准以后都不会有来往了，好歹是一个村的。于是他一咬牙，带老乡去了全聚德。

本来以为吃完饭就没什么事了，没想到，老乡竟要求去小马家住几天，说刚来，还没找到房子。小马心里叫苦不迭，却还是没办法拒绝，只好把老乡带回了家。老乡这一住就是一个星期，小马吃住全包不算，还得带他买衣服，到处去玩。直到把老乡送走后，小马才算是松了一口气。

实际上，在与人交往的时候，能经常帮助别人当然是好事，因为经常主动去帮助别人的人，也更容易备受大家的欢迎和喜爱。然而，每个人的时间和精力都是有限的，有的时候，我们更需要集中时间和精力，去做自己应该做和喜欢做的事，那时候，假如不想被其他身外之事打扰，就一定要学会拒绝别人，这样既能节省大量的时间，还能避免很多麻烦。譬如，周一你有一个特别重要的谈判，但你的好朋友却希望你周日深夜开车送他去机场，而朋友就住在闹市，他完全可以打车去机场。这时候，你就应该想办法拒绝。假如你碍于情面答应朋友，就会影响到你的睡眠，进而直接影响到你第二天的工作效率。假如因为精神不佳，把谈判弄砸了，你还可能会因此丢了自己喜欢的工作，那时候就后悔莫及了。

　　因此，别总是因为想要得到别人的接受或赞扬，害怕给别人带来不快，或者担心关系搞砸，就瞻前顾后，犹疑不定，违心地答应对方。在该说"不"的时候，就一定要大胆地说出口，只有这样才能节省有限的时间，做出更多更有意义的事情。